CONTENTS

이 책의 차례

PART 01 민법총칙

01 총 설	····	6
02 목적의 확정성, 가능성, 적법성	····	7
03 목적의 사회적 타당성	····	9
04 불공정한 법률행위	····	14
05 진의 아닌 의사표시	····	17
06 통정허위표시	····	19
07 착 오	····	23
08 사기, 강박	····	28
09 의사표시의 효력발생시기	····	32
10 대 리	····	34
11 복대리	····	37
12 무권대리	····	40
13 표현대리	····	44
14 토지거래허가구역	····	47
15 무효와 취소	····	49
16 조건과 기한	····	55

PART 02 물권법

01 물권적 청구권	····	60
02 부동산물권변동	····	64
03 등 기	····	68
04 혼 동	····	71
05 점유권	····	73
06 점유자와 회복자의 관계	····	77
07 소유권	····	80
08 부동산소유권시효취득	····	82
09 공동소유	····	86
10 지상권	····	91
11 법정지상권	····	94

12 지역권	···· 99
13 전세권	···· 101
14 유치권	···· 105
15 저당권	···· 112
16 근저당권	···· 116

01 계약의 성립	···· 122
02 민법상 불능	···· 125
03 동시이행항변권	···· 128
04 제3자를 위한 계약	···· 132
05 해 제	···· 135
06 계약금	···· 139
07 매 매	···· 142
08 환매와 예약완결권	···· 146
09 임대차	···· 149
10 임차인의 권리	···· 152
11 임차권의 양도 및 전대	···· 156

PART 03 계약법

01 주택임대차보호법	···· 162
02 상가건물 임대차보호법	···· 168
03 가등기담보 등에 관한 법률	···· 171
04 부동산 실권리자명의 등기에 관한 법률	···· 176
05 집합건물의 소유 및 관리에 관한 법률	···· 182

PART 04 민사특별법

정답	···· 185

부록

박문각 공인중개사

PART 01

민법총칙

01 | 총 설

> • 상대방 없는 단독행위 ⇨ 유언, 유증, 재단법인설립행위, 소유권의 포기

1. 제한물권의 포기, 시효이익의 포기, 공유지분의 포기는 **상대방 있는 단독행위**이다.

> • 타인권리매매, 타인권리임대차 ⇨ 유효

2. **타인의 권리도** 매매의 대상이 **될 수 있다.**

3. 임대인이 목적물을 **임대할 권한이 없어도** 임대차계약은 **유효하게 성립한다.**

> • 무권리자의 처분행위 ⇨ 무효 ⇨ 추인 ⇨ 소급 유효

4. **처분권자는** 명문의 규정이 없더라도 **처분권 없는 자의 처분행위를 추인**하여 이를 **유효하게 할 수 있다.**

5. 甲의 소유물을 乙이 **처분권한 없이 처분**한 경우, 甲이 이를 **추인**하면 원칙적으로 **그 때부터 새로운 법률행위를 한 것으로 본다.** (×)

> • 의사표시 ⇨ 묵시적(행동)으로 가능

6. 수권행위는 **묵시적으로 할 수 있다.**

7. 무효행위의 추인은 **명시적인 의사표시로 하여야 한다.** (×)

8. 매매계약의 합의해제는 **묵시적으로는 할 수 없다.** (×)

> • 농지취득자격증명 ⇨ 농지매매의 효력발생요건 ×

9. **농지취득자격증명**은 농지매매의 **효력발생요건**이다. (×)

02 | 목적의 확정성, 가능성, 적법성

> • 목적 ⇨ 확정가능성

1. **매매목적물과 대금**은 반드시 그 계약체결 당시에 **구체적으로 확정하여야 하는 것은 아니다.**

2. 매매계약 체결 당시 **목적물과 대금**이 구체적으로 확정되지 않았다면, 사후에 **구체적으로 확정될 수 있는 방법과 기준이 정해져 있더라도 계약의 성립을 인정할 수 없다.** (×)

> • 후발적 불능 ⇨ 유효

3. **계약성립 후** 채무이행이 **불가능**하게 되더라도, 계약이 **무효**로 되는 것은 **아니다.**

4. **계약이 체결된 후** 매매목적 **건물이 전소**된 경우, 그 매매계약은 **무효이다.** (×)

> • 중간생략등기, 무허가행위 ⇨ 단속규정 ⇨ 유효

5. 조세포탈목적으로 한 **중간생략등기**도 실체관계와 부합하면 **유효**이다.

6. 주택법의 **전매행위 제한**을 위반하여 한 전매약정은 **무효**이다. (×)

7. **무허가 음식점**에서 음식물을 판매하는 행위는 **무효**이다. (×)

8. **개업공인중개사**가 중개의뢰인과 **직접 거래하는 행위를 금지**하는 공인중개사법 규정은 **단속규정**이다.

> • 중개보수약정
> ① 개업공인중개사 ⇨ 법정한도 초과 약정 ⇨ 초과분은 무효
> ② 공인중개사 자격이 없는 자 ⇨ 중개보수약정 ⇨ 전부 무효
> ③ 공인중개사 자격이 없는 자 ⇨ 우연한 기회에 단 1회 중개 ⇨ 유효

9. 법정한도를 **초과**하는 중개보수**약정**을 한 후 중개보수를 지급한 자는 **초과분에 대한 반환을 청구할 수 있다.**

10. **공인중개사 자격이 없는 자**가 중개사무소 개설등록을 하지 아니한 채 부동산중개업을 하면서 체결한 중개보수 지급약정은 **전부가 무효**이다.

★
11. 공인중개사 자격이 없는 자가 **우연한 기회에 단 1회 거래행위를 중개한 경우**에는 중개보수지급약정은 **무효**이다. (×)

• 강행규정위반 ⇨ 절대적 무효, 사회질서위반 ×

★
12. 강행규정에 위반한 자도 스스로 그 약정의 **무효**를 주장할 수 있다.

13. 강행법규에 위반한 자가 스스로 그 약정의 **무효를 주장하는 것은** 특별한 사정이 없는 한 신의칙에 반한다. (×)

14. 강행규정위반의 무효는 선의의 제3자에게도 주장할 수 있다.

15. 강행규정을 위반하여 무효인 법률행위는 **추인**에 의해 유효로 될 수 **없다**.

★
16. **강행규정에 위반하여 무효**인 계약의 상대방이 그 위반사실에 대하여 선의·무과실이더라도 **표현대리의 법리가 적용될 여지는 없다.**

17. 강행규정에 위반한 행위라도 그것이 사회질서에 위반하지 않는 경우에는 불법원인급여에 해당하지 않는다.

★
18. 법률행위가 **강행규정에 위반**하여 무효인 경우에는 **언제나 불법원인급여에 해당한다.** (×)

• **무효인 법률행위의 관계**
1. **당사자간**
① 이행 전 ⇨ 이행할 필요 ×
② 이행 후 ⇨ 부당이득반환을 청구 ○
  ⇨ **사회질서위반자** ⇨ **반환청구** ×(불법원인급여)
2. **제3자와의 관계**
① 절대적 무효(원칙) ⇨ 모든 제3자에게 무효를 주장 ○
② **비진의표시, 통정허위표시** ⇨ 선의의 제3자에게 무효를 주장 ×
③ **명의신탁** ⇨ 선의 악의 불문하고 제3자에게 무효를 주장 ×

03 | 목적의 사회적 타당성

- 행위당시를 기준

1. **정당한 대가를 지급하고** 목적물을 **매수하였더라도 그 후** 목적물이 범죄행위로 취득한 것을 알게 되었다면 매매계약은 **무효이다.** (×)

- 사회질서위반이 아닌 경우
  ① 강박
  ② 조세포탈목적, 투기목적
  ③ 강제집행면탈목적

2. 국가기관이 위헌적인 공권력을 행사하여 **강박**상태에서 의사표시를 하였다 하더라도 항상 그것이 **반사회성을 띠어 당연히 무효가 되는 것은 아니다.**

3. **양도소득세를 회피할 목적으로** 실제 거래대금보다 낮은 금액으로 계약서를 작성하여 매매계약을 체결한 행위는 **반사회적 법률행위에 해당되지 않는다.**

4. **조세포탈목적으로** 부동산을 **명의신탁**한 경우, 그 명의신탁은 **반사회질서의 법률행위로서 무효로 된다.** (×)

5. **투기의 목적**으로 세입자입주권 15매를 매수하였다고 하더라도 그것만으로 **사회질서에 반하는 법률행위로 무효로 된다고 할 수 없다.**

6. **강제집행을 면할 목적**으로 부동산에 **허위**의 근저당권설정등기를 경료하는 행위는 특별한 사정이 없는 한 **반사회적 법률행위에 해당되지 않는다.**

7. **강제집행을 면할 목적**으로 부동산에 허위의 근저당권설정등기를 경료하는 행위는 **반사회적 법률행위로서 무효이다.** (×)

- 불법동기 ⇨ 표시 또는 알려진 경우 ⇨ 사회질서위반 ⇨ 무효

8. 매매계약의 **동기가 반사회적**이고 그 동기가 외부에 **표시된 경우** 그 매매계약은 **무효이다.**

9. 불법동기가 법률행위 당시에 **표시되지 않았더라도** 상대방에게 **알려진 경우**에는 **반사회적 법률행위가 되어 무효로 된다.**

- 부첩계약
  ① 부첩관계를 맺으면서 한 약정 ⇨ 무효
  ② 부첩관계를 단절하면서 한 약정 ⇨ 유효

★
10. 부첩관계종료를 **해제조건**으로 하는 증여계약은 **반사회적 법률행위에 해당하여 무효**이다.

- 도박
  ① 도박 ⇨ 사회질서위반 ⇨ 무효
  ② 도박채무변제 ⇨ 대리권수여행위(위임) ⇨ 유효

11. **도박**자금에 제공할 목적으로 금전을 대여하는 행위는 **반사회적 법률행위에 해당하여 무효**이다.

12. **도박채무의 변제를 위하여** 부동산의 처분에 대한 대리권을 수여한 경우, **대리권수여행위는 반사회적 법률행위에 해당하지 않는다.**

13. **도박채무의 변제를 위하여** 채무자로부터 부동산의 처분을 **위임받은** 채권자가 제3자에게 매도한 경우, 그 매매계약은 **무권대리**가 된다. (×)

- 변호사 아닌 자 ⇨ 사회질서위반

14. **변호사 아닌 자**가 승소를 조건으로 그 대가로 소송당사자로부터 소송물 일부를 양도받기로 하는 약정은 **반사회적 법률행위에 해당하여 무효**이다.

- 성공보수약정
  ① 민사사건 ⇨ 유효
  ② 형사사건 ⇨ 무효

★
15. **민사사건**에 관하여 변호사와 체결한 성공보수약정은 **반사회적 법률행위에 해당하지 않는다.**

★
16. **형사사건**에 대한 의뢰인과 변호사의 성공보수약정은 강행법규위반으로서 무효일 뿐 **반사회적 법률행위는 아니다.** (×)

> • 비자금 ⇨ 은닉 ⇨ 임치 ⇨ 사회질서위반 ×

17. 뇌물로 받은 금전을 소극적으로 **은닉**하기 위하여 이를 **임치**하는 약정은 **반사회적 법률행위에 해당하지 않는다.**

> • 대가약정
> ① 허위진술 ⇨ 무효
> ② 증언 ⇨ 초과 ⇨ 무효

18. 수사기관에서 **허위진술**의 대가를 지급하기로 한 약정은 그 **대가가 적정하다면 반사회적 법률행위에 해당하지 않는다.** (×)

19. 소송에서 사실대로 **증언**하여 줄 것을 조건으로 한 대가약정이 통상적으로 용인될 수 있는 수준을 **초과**한 경우에는 **반사회적 법률행위에 해당하여 무효**이다.

> • 과도한 위약벌 약정, 보험사고를 가장, 궁지에 빠뜨린 다음 ⇨ 사회질서위반

20. **과도한 위약벌 약정**은 법원의 직권감액이 가능하므로 선량한 풍속 기타 **사회질서에 반할 여지가 없다.** (×)

21. 오로지 **보험사고를 가장**하여 보험금을 취득할 목적으로 체결한 생명보험계약은 **반사회적 법률행위에 해당하여 무효**이다.

22. 행정기관에 진정서를 제출하여 상대방을 **궁지에 빠뜨린 다음** 이를 취하하는 조건으로 거액의 급부를 받기로 한 약정은 **반사회적 법률행위에 해당하여 무효이다.**

> • 일정기간 ⇨ 사회질서위반 ×

23. 해외파견 근로자의 귀국 후 **일정기간** 소속회사에 근무토록 한 약정은 특별한 사정이 없는 한 **반사회적 법률행위라고 할 수 없다.**

- 주지임명행위 ⇨ 사회질서위반 ×

24. 전통사찰의 주지직을 거액의 금품을 대가로 양도하기로 하는 약정이 있음을 알고도 이를 묵인한 상태에서 한 종교법인의 **주지임명행위**는 **반사회적 법률행위에 해당하지 않는다**.

- 사회질서위반자 ⇨ 반환청구 ×

25. **첩계약의 대가**로 부동산의 **소유권을 이전**해 주었다면 어떠한 이유로도 그 **반환을 청구할 수 없다**.

- 사회질서위반 ⇨ 절대적 무효

26. **사회질서에 위반**한 사항을 내용으로 하는 법률행위의 **무효**는 이를 주장할 이익이 있는 자라면 **누구든지 무효를 주장할 수 있다**.

27. **반사회적** 법률행위의 무효는 **선의의 제3자에게도 대항할 수 있다**.

28. **반사회적** 법률행위에 해당하는 **제2매매계약**에 기초하여 제2매수인으로부터 그 부동산을 매수하여 등기한 **선의의 제3자는 제2매매계약의 유효를 주장할 수 있다**. (×)

- 부동산이중매매
① 제1매매계약 ⇨ 이행에 착수한 후(중도금지급 후)
② 제2매수인 ⇨ 악의 ⇨ 유효
③ 제2매수인 ⇨ 적극 가담 ⇨ 사회질서위반 ⇨ 무효

29. 부동산 매매계약에서 계약금을 수수한 후 당사자가 매매계약의 **이행에 착수하기 전**에 제3자가 매도인을 적극 유인하여 해당 부동산을 매수하였다면 매도인과 제3자 사이의 그 매매계약은 **반사회적 법률행위가 아니다**.

30. 부동산을 매도인이 이미 제3자에게 매각한 사실을 **매수인**이 단순히 **알고** 있었던 경우에 **매도인의 요청으로** 그 부동산을 **매수**하기로 한 계약은 **반사회적 법률행위가 아니다**.

31. 대리인이 매도인의 배임행위에 **적극 가담**하여 이루어진 부동산의 이중매매는 본인인 매수인이 그러한 사정을 몰랐다면 **반사회질서의 법률행위가 되지 않는다**. (×)

- 부동산이중매매 ⇨ **적극 가담**
① **대위 말소**
② **제3자도 무효**
③ 손해배상청구

32. 甲은 자기소유의 X토지를 乙에게 매도하고 중도금을 수령하였으나 乙명의로 등기하지 않고 있던 중, 丙이 甲의 배임행위에 **적극 가담**하여 甲으로부터 X토지를 매수하여 丙명의로 등기를 경료하였다.
① 乙은 甲을 **대위하여** 丙에게 **말소등기를 청구할 수 있다.**
② 乙은 丙에게 직접 소유권이전등기를 **청구할 수 없다.**
③ 乙은 소유권이전청구권의 보전을 위하여 甲과 丙의 매매계약에 대하여 **채권자취소권을 행사할 수 없다.**
④ 乙은 丙에게 직접 불법행위를 이유로 **손해배상을 청구할 수 있다.**
⑤ 丁이 X토지를 丙으로부터 매수하여 이전등기를 받은 경우, 丁은 선의라도 甲과 丙의 매매계약의 **유효를 주장할 수 없다.**

핵심 사례

01 甲이 자신의 X건물을 乙에게 매도하는 계약을 체결하고 계약금 및 중도금을 수령하였으나 아직 소유권이전등기를 마쳐주지 않았다. 이러한 사실을 알고 있는 丙이 甲의 배임행위에 적극적으로 가담하여 甲으로부터 X건물을 매수하고 소유권이전등기를 경료받았다. 이에 관한 설명으로 옳은 것을 모두 고른 것은? (다툼이 있으면 판례에 따름)

ㄱ. 乙은 丙에게 **진정명의회복**을 원인으로 소유권이전등기를 **청구할 수 없다.**
ㄴ. 乙은 甲에 대한 소유권이전등기청구권을 보전하기 위하여 甲과 丙 사이의 매매계약에 대하여 **채권자취소권을 행사할 수 있다.**
ㄷ. 丁이 丙을 소유자로 믿고 丙으로부터 X건물을 매수하여 소유권이전등기를 마친 경우, 丁은 甲과 丙 사이의 매매계약의 **유효를 주장할 수 있다.**
ㄹ. 丙이 X건물을 무단점유하고 있는 戊에 대하여 X건물의 소유권에 기한 반환을 주장하는 경우, 戊는 甲과 丙 사이의 매매계약의 **무효를 주장할 수 있다.**

① ㄱ, ㄴ   ② ㄴ, ㄷ   ③ ㄱ, ㄹ
④ ㄱ, ㄷ, ㄹ   ⑤ ㄴ, ㄷ, ㄹ

04 | 불공정한 법률행위(폭리행위)

> • 현저한 불균형 ⇨ 행위당시를 기준 ⇨ 객관적으로 판단 ⇨ 무상행위 ×

1. 불공정한 법률행위에 해당하는지는 **법률행위 당시를 기준으로 판단**해야 한다.

2. 급부와 반대급부 사이의 **현저한 불균형**은 피해자의 궁박·경솔·무경험의 정도를 고려하여 **당사자의 주관적 가치에 따라 판단한다.** (×)

★★
3. **증여**와 같은 **무상행위**도 불공정한 법률행위가 될 수 **있다.** (×)

3-1. **대가관계**를 상정할 수 있는 한 **단독행위**도 불공정한 법률행위가 **될 수 있다.**

> • 궁박 ⇨ 정신적·심리적 궁박도 포함 ○

4. **궁박**은 경제적 궁박에 한하지 않고, **정신적 또는 심리적 원인에 기한 궁박도 포함된다.**

> • 무경험 ⇨ 거래일반에 대한 경험부족 ○, 특정거래 영역 ×

★
5. **무경험**은 특정 영역에서의 경험부족이 아니라 **거래일반**에 대한 경험부족을 **의미한다.**

★
6. **무경험**이라 함은 **특정거래 영역**에서 요구되는 경험의 부족을 **의미한다.** (×)

> • 대리행위 ⇨ 궁박 ⇨ 본인

★★
7. 대리인에 의한 법률행위의 경우, **궁박** 상태에 있었는지는 **본인을 기준**으로 판단한다.

8. 불공정한 법률행위가 대리인에 의하여 행해진 경우, **궁박·경솔·무경험은 대리인을 기준**으로 판단하여야 한다. (×)

- 폭리의사 ⇨ 알면서 이용 ⇨ 경매 ×

9. 급부 간 현저한 불균형이 있더라도 폭리자가 피해당사자 측의 사정을 **알면서 이를 이용하려는 의사가 없다면 불공정한 법률행위가 아니다.**

10. 당사자가 궁박·경솔 또는 무경험의 상태에 있는 때에는 그 상대방에게 **폭리행위의 악의가 없다고** 하더라도 **불공정한 법률행위는 성립한다.** (×)

11. **경매절차**에서 매각대금이 시가보다 현저히 저렴하더라도 **불공정한 법률행위를 이유로 그 무효를 주장할 수 없다.**

12. 경매절차에서 매각대금이 시가보다 현저히 저렴한 경우, 그 **경매는 불공정한 법률행위로서 무효이다.** (×)

- 무효를 주장하는 자가 모두 입증 ⇨ 추정 ×

13. 법률행위가 현저하게 공정을 잃었다고 하여 곧 그것이 궁박, 경솔 또는 무경험으로 이루어진 것으로 **추정되지 않는다.**

14. 급부와 반대급부 사이에 현저한 불균형이 존재하면 궁박이 **추정된다.** (×)

- 피해자는 반환청구 ○ ⇨ 제3자도 무효

15. 불공정한 법률행위의 무효는 선의의 제3자에게 대항할 수 없다. (×)

- 불공정 ⇨ 추인 ⇨ 불공정 ⇨ 무효

16. 불공정한 법률행위는 무효행위의 **추인**에 의하여 유효로 될 수 **없다.**

- 불공정 ⇨ 전환 ⇨ 공정 ⇨ 유효

17. 불공정한 법률행위로서 무효인 경우에도 무효행위의 **전환**에 의해 유효로 될 수 **있다.**

> • 불공정한 법률행위의 요건 × ⇨ 반사회질서행위 ○

18. 불공정한 법률행위의 요건을 갖추지 못한 법률행위도 **반사회질서의 법률행위가 될 수 있다.**

> • 부제소 합의 ⇨ 무효

19. 매매계약이 **불공정한 법률행위에 해당하여 무효**인 경우, 특별한 사정이 없는 한 그 계약에 관한 **부제소 합의도 무효가 된다.**

05 | 진의 아닌 의사표시(비진의표시)

- 비진의표시
  ① 원칙 ⇨ 유효 ⇨ 상대방은 선의무과실로 추정
  ② 상대방이 알았거나 알 수 있었을 경우(과실) ⇨ 무효
     ⇨ 선의의 제3자에게 대항 ×

1. 진의 아닌 의사표시는 **원칙적으로 무효**이다. (×)

2. 비진의표시는 표의자의 진의 아님을 **상대방이 과실로** 알지 못한 경우에는 **무효이다**.

3. **상대방이** 표의자의 진의 아님을 **알았다는 것은 무효를 주장하는 자가 증명**하여야 한다.

4. **상대방이** 표의자의 진의 아님을 **알았을 경우**, 표의자는 진의 아닌 의사표시를 **취소할 수 있다**. (×)

5. 비진의표시의 무효는 **선의의 제3자에게 대항하지 못한다**.

- 진의 ⇨ 진정으로 마음속에서 원하는 사항 ×

6. 진의 아닌 의사표시에 있어서의 **진의**란 표의자가 **진정으로** 마음속에서 원하는 사항을 **의미한다**. (×)

7. 진의 아닌 의사표시에서 **진의는 특정한 내용의 의사표시를** 하고자 하는 표의자의 생각을 **말한다**.

- 강박 ⇨ 비진의표시(내심의 효과의사가 결여된 것) ×

8. 재산을 **강제로 뺏긴다는** 인식을 하고 있는 자가 고지된 해악이 두려워 어쩔 수 없이 증여의 의사표시를 한 경우 이는 **비진의표시라 할 수 없다**.

9. **강박**에 따라 제3자에게 증여한 경우, 표의자는 마음속에서 진정으로 원하지 않았으나 당시의 상황에서는 최선이라고 판단하여 의사표시를 하였다면 **비진의표시가 된다**. (×)

- 대리권남용 ⇨ 비진의표시 유추적용 ○

10. 대리인이 **대리권을 남용**한 경우, **비진의표시**에 관한 규정이 **유추적용된다**.

11. 대리인이 자신의 이익을 위하여 **대리권을 남용**하는 경우는 **무권대리에 해당한다**. (×)

12. 대리인이 자기의 이익을 위하여 **배임적 대리행위**를 한 경우, **상대방이** 이러한 사실을 **알았거나 알 수 있었다면** 대리행위는 **본인에게 효력이 없다**.

12-1. **대리권남용**에 대해 비진의표시에 관한 규정이 유추적용되어 **무효**로 되는 경우, **선의의 제3자에 대하여는 무효로 대항할 수 없다**.

- 공법상 행위 ⇨ 적용 × ⇨ 유효

13. **공무원**의 사직의 의사표시와 같은 **공법행위**에는 비진의표시에 관한 규정이 **적용되지 않는다**.

14. 전체**공무원**이 일괄사표를 제출함에 따라 **공무원 甲도** 함께 **사직서를 제출**한 경우, 甲의 내심의 의사는 사직할 뜻이 아니었으므로 **사직서의 제출은 무효**이다. (×)

- 명의대여하여 대출약정을 한 경우 ⇨ 비진의표시 × ⇨ 유효

15. 甲이 법률상 또는 사실상의 장애로 자기**명의로 대출**받을 수 없는 乙을 위하여 대출금채무자로서의 명의를 빌려준 경우, 甲의 의사표시는 **비진의표시라고 할 수 없다**.

16. 은행**대출**한도를 넘은 甲을 위해 乙이 은행대출약정서에 주채무자로 서명날인한 경우, 은행이 이런 사정을 알았더라도 **乙은 원칙적으로 대출금반환채무를 진다**.

17. **대출**절차상 편의를 위하여 **명의**를 빌려준 자가 채무부담의 의사를 가졌더라도 그 의사표시는 **비진의표시이다**. (×)

06 | 통정허위표시

- 통정허위표시 ⇨ 합의

★
1. **통정허위표시**가 성립하기 위해서는 진의와 표시의 불일치에 관하여 **상대방과 합의가 있어야 한다.**

2. **통정허위표시**는 표의자가 의식적으로 진의와 다른 표시를 한다는 것을 **상대방이 알았다면 성립한다.** (×)

- 통정허위표시 ⇨ 당사자 사이 무효, 사회질서위반 ×

3. 통정허위표시의 당사자 사이에는 그 의사표시에 따른 **권리의무가 발생한다.** (×)

★
4. **통정허위표시로 무효인 경우**, 당사자는 **가장행위의 채무불이행**이 있더라도 이를 이유로 하는 **손해배상을 청구할 수 없다.**

★★
5. 강제집행을 면할 목적으로 부동산에 **허위**의 근저당권설정등기를 하는 행위는 **반사회적 법률행위로 볼 수 없다.**

- 통정허위표시 ⇨ 채권자취소 ○

6. **통정허위표시**로서 무효인 법률행위도 **채권자취소권**의 대상이 될 수 **있다.**

- 은닉행위(증여) ⇨ 유효

★
7. 당사자가 통정하여 **증여를 매매로 가장한 경우, 증여는 유효이다.**

8. 당사자가 통정하여 **증여를 매매로 가장한 경우**, 증여와 매매 **모두 무효이다.** (×)

- 선의의 제3자에게 대항(주장) ×

★★
9. 선의의 제3자에 대해서는 통정허위표시의 당사자뿐만 아니라 **그 누구도** 통정허위표시의 **무효로 대항할 수 없다.**

10. 통정허위표시의 **제3자가 악의라도** 그 **전득자가** 통정허위표시에 대하여 **선의인 때에는 전득자에게** 허위표시의 **무효를 주장할 수 없다.**

11. 악의의 제3자로부터 **선의로 전득한 자는** 선의의 제3자로 **보호받지 못한다.** (×)

> • 제3자는 선의이면 족하고 무과실은 불요

12. 통정허위표시의 무효에 대항하기 위해서 **제3자는 선의이면 족하고, 무과실일 필요는 없다.**

13. **제3자가** 통정허위표시의 무효에 대항하기 위해서는 선의·**무과실이어야 한다.** (×)

14. 허위표시의 당사자는 **선의의 제3자에게 과실이 있다면** 의사표시의 **무효를** 그 제3자에게 **주장할 수 있다.** (×)

> • 제3자 ⇨ 선의로 추정 ○

15. 통정허위표시의 무효에 대항하려는 **제3자는** 자신이 **선의라는 것을 증명하여야 한다.** (×)

16. 가장양수인으로부터 소유권이전등기청구권 보전을 위한 **가등기를 경료한 자는** 특별한 사정이 없는 한 **선의로 추정된다.**

> • 가장채권을 가압류한 채권자 ⇨ 제3자에 해당 ○

17. 통정허위표시에 의하여 생긴 채권을 가압류한 경우, **가압류채권자는** 선의이더라도 통정허위표시에서 보호받는 **제3자에 해당하지 않는다.** (×)

> • 파산관재인 ⇨ 파산채권자 모두가 악의가 아닌 한 ⇨ 선의의 제3자

18. **파산관재인은** 그가 비록 통정허위표시에 대해 악의였다고 하더라도 **파산채권자 모두가 악의로 되지 않는 한 선의의 제3자로 인정된다.**

19. **파산채권자 중 일부라도 악의라면** 파산관재인은 **선의의 제3자라고 할 수 없다.** (×)

20. 파산관재인은 **모든 파산채권자가 선의인 경우에 한하여** 그의 선의가 인정된다. (×)

- 가장채무를 보증한 보증인 ⇨ 보증채무를 이행 ⇨ 제3자에 해당 ○

21. 가장채무를 보증하고 그 **보증채무를 이행**하여 구상권을 취득한 선의의 보증인은 통정허위표시에서 보호받는 **제3자에 해당한다.**

22. 통정허위표시에 따른 선급금 반환채무 부담행위에 기하여 선의로 그 채무를 보증한 자는 **보증채무의 이행 여부와 상관없이** 허위표시의 무효로부터 보호받는 **제3자에 해당한다.** (×)

- 제3자에 해당하지 않는 자
① 가장매수인의 **상속인**
② 대리인이 가장매매를 한 경우에 있어서 **본인**
③ 제3자를 위한 계약에 있어서 **수익자(제3자)**
④ 채권의 가장양도에 있어서 **채무자**
⑤ 저당권 가장포기시 **후순위저당권자**
⑥ 채권의 가장양수인으로부터 **추심을 위하여** 채권을 양수한 자
⑦ 차주와 통정하여 가장소비대차계약을 체결한 금융기관으로부터 **그 계약을 인수한 자**

23. **대리인이** 대리권의 범위 안에서 현명하여 상대방과 **통정허위표시를 한 경우, 본인이 선의라면** 특별한 사정이 없는 한 그는 허위표시의 **유효를 주장할 수 있다.** (×)

24. **제3자를 위한 계약**이 통정허위표시에 해당하여 **무효**인 경우, 제3자가 선의인 경우에는 요약자는 제3자에게 **무효로 대항할 수 없다.** (×)

25. 가장소비대차의 **계약상 지위를** 선의로 **이전받은 자는** 제3자로 **보호될 수 있다.** (×)

26. 자신의 채권을 보전하기 위해 **가장양도인의** 가장양수인에 대한 **권리를 대위행사하는 채권자는** 허위표시를 기초로 새로운 법률상의 이해관계를 맺은 **제3자에 해당한다.** (×)

27. **임대차보증금반환채권을 담보할 목적으로** 임대인과 임차인이 체결한 **전세권설정계약**은 특별한 사정이 없는 한 **임대차계약의 내용과 양립할 수 없는 범위에서만** 통정허위표시로 인정된다.

| 핵심 사례 |

02 甲은 자신의 X토지를 乙에게 증여하고, 세금을 아끼기 위해 이를 매매로 가장하여 乙 명의로 소유권이전등기를 마쳤다. 그 후 乙은 X토지를 丙에게 매도하고 소유권이전등기를 마쳤다. 다음 설명 중 옳은 것을 모두 고른 것은?

> ㄱ. 甲과 乙 사이의 **매매계약은 무효**이나 **증여계약은 유효**이다.
> ㄴ. 丙이 선의인 경우, 甲은 丙에게 X토지의 소유권이전등기**말소를 청구할 수 없다.**
> ㄷ. 丙이 악의인 경우, 甲은 丙에게 X토지의 소유권이전등기**말소를 청구할 수 있다.**

① ㄱ ② ㄱ, ㄴ ③ ㄴ, ㄷ
④ ㄷ ⑤ ㄱ, ㄴ, ㄷ

03 채권자 A의 강제집행을 면탈할 목적으로 甲은 자기소유 아파트에 대해 乙과 통정하여 乙명의로 이전등기를 하였다. 그 후 乙은 丙에게 아파트를 매도하여 丙명의로 이전등기가 경료되었다. 다음 설명 중 **틀린** 것을 모두 고른 것은?

> ㄱ. 甲과 乙의 허위표시가 **사회질서에 위반하는 것은 아니다.**
> ㄴ. **丙이 선의인 경우**, A는 甲을 대위해서 丙에게 등기말소를 청구할 수 없다.
> ㄷ. **丙이 악의인** 경우에는 丙은 소유권을 취득하지 못하므로, 丙으로부터 **전득한 丁은 선의라 하더라도** 소유권을 **취득할 수 없다.**

① ㄱ ② ㄱ, ㄴ ③ ㄴ, ㄷ
④ ㄷ ⑤ ㄱ, ㄴ, ㄷ

04 甲은 강제집행을 면할 목적으로 자기 소유의 X토지에 관하여 乙과 허위의 매매계약을 체결한 후 乙명의로 소유권이전등기를 마쳐 주었다. 그 후 乙은 丙에게 금전을 차용하면서 X토지 위에 저당권을 설정하였다. 이에 관한 설명으로 **틀린** 것은?

① 甲과 乙 사이의 매매계약은 **무효**이다.
② **丙이 선의라면 과실이 있는 경우에도** 甲은 丙에게 저당권등기의 **말소를 청구할 수 없다.**
③ 甲이 丙에게 저당권등기의 말소를 청구하려면, **甲이 丙의 악의를 증명**하여야 한다.
④ **丙이 선의인 경우**, 甲은 乙에게 X토지의 **진정명의회복을** 위한 소유권이전등기를 **청구할 수 없다.**
⑤ **丙의 저당권실행**으로 甲에게 손해가 발생한 경우, 甲은 乙에게 **손해배상을 청구할 수 있다.**

07 | 착 오

> • 지번 착오 ➪ 착오 취소 ✕

1. **상대방이** 표의자의 **진의에 동의한 경우**, 표의자는 **착오**를 이유로 **취소할 수 없다.**

2. **상대방이** 착오자의 **진의에 동의하더라도** 착오자는 의사표시를 **취소할 수 있다.** (✕)

3. 매매계약당사자가 매매목적물인 X토지의 **지번에 착오**를 일으켜 계약서에 목적물을 Y토지로 표시한 경우, **착오**를 이유로 의사표시를 **취소할 수 없다.**

4. X토지를 계약의 목적물로 삼은 당사자가 모두 **지번에 착오**를 일으켜 계약서에 목적물을 Y토지로 표시한 경우, **착오**를 이유로 의사표시를 **취소할 수 있다.** (✕)

> • 동기의 착오 ➪ ① 표시 ② 유발 또는 제공 ③ 합의 불요

5. 상대방에 의해 **유발된 동기의 착오**는 동기가 **표시되지 않았더라도** 중요부분의 **착오가 될 수 있다.**

6. **동기의 착오**는 동기가 **표시되어** 해석상 법률행위의 내용으로 된 경우에 **한해서만 유일하게 고려된다.** (✕)

7. **동기의 착오**를 이유로 취소하려면 당사자 사이에 동기를 의사표시의 내용으로 하는 **합의가 필요하다.** (✕)

> • 경제적 불이익 ✕ ➪ 중요부분의 착오 ✕ ➪ 가압류 원인무효

8. 착오로 인하여 표의자가 **경제적 불이익을 입은 것이 아니라고 한다면** 이를 법률행위 내용의 **중요부분의 착오라고 할 수 없다.**

9. 착오에 의한 의사표시로 표의자가 **경제적 불이익을 입지 않더라도** 착오를 이유로 그 의사표시를 **취소할 수 있다.** (✕)

10. 가압류등기가 없다고 믿고 보증하였더라도 **그 가압류가 원인 무효인 것으로 밝혀진 경우**, **착오**를 이유로 의사표시를 **취소할 수 없다.**

- 중요부분의 착오
① 토지의 현황·경계에 관한 착오
② 법률에 관한 착오

11. **농지의 상당부분이 하천**임을 알았더라면 농지 매매계약을 체결하지 않았을 것이 명백한 경우, 법률행위 내용의 **중요부분의 착오**에 해당될 수 있다.

12. **법률에 관한 착오**라도 그것이 법률행위의 내용의 **중요부분**에 관한 것인 때에는 표의자는 그 의사표시를 **취소할 수 있다.**

13. 착오에 관한 민법규정은 **법률의 착오에 적용되지 않는다.** (×)

- 중요부분의 착오 ×
① 시가에 관한 착오
② 수량부족, 지적부족

14. 부동산 **시가에 관한 착오**는 특별한 사정이 없는 한 법률행위 내용의 **중요부분의 착오에 해당하지 않는다.**

15. 건물 및 부지를 현상대로 매수하는 경우에 부지의 **지분이 다소 부족**하면 이러한 근소한 차이도 **중요부분의 착오로 인정된다.** (×)

- 입증책임
① 중요부분의 착오 ⇨ 착오자(법률행위의 효력을 부인하려는 자)
② **중대한 과실** ⇨ **상대방**(법률행위의 효력을 주장하려는 자)

16. 착오를 이유로 취소하기 위해서는 **표의자는** 계약 내용에 착오가 있었다는 사실과 함께 만일 그 착오가 없었더라면 의사표시를 하지 않았을 것이라는 점도 **증명해야 한다.**

17. 표의자의 **중대한 과실은** 법률행위의 **효력을 주장하는 자가 증명**하여야 한다.

18. 표의자의 **중대한 과실 유무**는 착오에 의한 의사표시의 **효력을 부인하는 자가 증명**하여야 한다. (×)

19. **착오자는** 중요부분의 착오라는 사실과 자신에게 **중과실**이 없다는 사실을 **입증해야** 취소할 수 있다. (×)

- 경과실 ⇨ 취소 ○

20. 표의자가 **경과실**로 인하여 착오에 빠져 법률행위를 한 경우, 착오를 이유로 **취소**하는 것은 **위법**하다고 할 수 **없다.**

21. 법률에 관해 경과실로 착오를 한 경우, 표의자는 그것이 법률행위의 중요부분에 관한 것이더라도 그 착오를 이유로 **취소할 수 없다.** (×)

- 중대한 과실 ⇨ 상대방이 알고 이용 ⇨ 취소 ○

22. 상대방이 표의자의 착오를 **알면서 이용**한 경우에는 표의자에게 **중대한 과실**이 있더라도 표의자는 착오에 의한 의사표시를 **취소할 수 있다.**

23. 착오가 표의자의 **중대한 과실**로 인한 경우에는 **상대방이 표의자의 착오를 알고 이용**하더라도 표의자는 의사표시를 **취소할 수 없다.** (×)

- 중대한 과실

24. 부동산중개업자가 다른 점포를 매매 목적물로 **잘못 소개**하여 매수인이 매매목적물에 관하여 착오를 일으킨 경우, **매수인에게 중대한 과실은 인정되지 않는다.**

24-1. 토지매매에 있어서 특별한 사정이 없는 한, **매수인이 측량을 통하여** 매매목적물이 지적도상의 그것과 정확히 일치하는지 **확인하지 않은 경우 중대한 과실은 인정되지 않는다.**

25. 공인중개사를 통하지 않고 토지거래를 하는 경우, 토지대장을 확인하지 않은 매수인은 **중대한 과실이 인정된다.**

26. 공장을 경영하는 자가 새로운 공장을 설립할 목적으로 토지를 매수하면서 공장을 건축할 수 있는지 여부를 관할관청에 알아보지 않은 경우, **중대한 과실이 인정된다.**

- 사기 ⇨ 중요부분의 착오 ⇨ 착오와 사기 경합 ⇨ 선택 ○

27. 타인의 **기망**에 의하여 **중요부분의 착오**가 발생한 경우, 표의자는 **착오 또는 사기를 선택적으로 주장할 수 있다.**

- 사기 ⇨ 서명의 착오(표시상의 착오) ⇨ 사기 ×, 착오 ○

27-1. 상대방의 **기망**행위에 의해 **표시상의 착오**에 빠진 경우, **사기가 아닌 착오를 이유로** 의사표시를 **취소할 수 있다.**

27-2. 제3자의 **기망**행위로 신원보증서면에 **서명한다는 착각에 빠져** 연대보증서면에 서명한 경우, **사기를 이유로** 의사표시를 **취소할 수 있다.** (×)

- 착오와 담보책임 ⇨ 경합 ⇨ 착오를 이유로 취소 ○

28. ★★ 매매계약의 **중요부분에 착오**가 있는 경우, 매도인의 **하자담보책임이 성립하는지와 상관없이** 매수인은 착오를 이유로 그 매매계약을 **취소할 수 있다.**

29. 물건의 하자로 매도인의 **하자담보책임**이 성립하는 경우, 매수인은 매매계약 내용의 중요부분에 **착오**가 있더라도 그 계약을 **취소할 수 없다.** (×)

- 해제 후 취소 ○

30. ★★ 매도인이 매수인의 채무불이행을 이유로 매매계약을 적법하게 **해제한 후에도** 매수인은 착오를 이유로 그 매매계약을 **취소할 수 있다.**

31. 매수인의 중도금 미지급을 이유로 매도인이 적법하게 계약을 **해제**한 경우, 매수인은 착오를 이유로 계약을 다시 **취소할 수는 없다.** (×)

- 착오 ⇨ 취소 ⇨ 손해 ⇨ 불법행위 × ⇨ 손해배상 ×

32. ★★ **경과실**로 인해 **착오**에 빠진 자가 매매계약을 취소한 경우, 상대방은 착오자에게 **불법행위 책임을 물을 수 없다.**

33. ★★ 표의자가 **착오**를 이유로 **취소**한 경우, 취소된 의사표시로 인해 **손해**를 입은 상대방은 불법행위를 이유로 **손해배상을 청구할 수 있다.** (×)

- 착오 ⇨ 임의규정 ⇨ 특약으로 적용 배제 ○

34. 당사자의 **합의로** 착오로 인한 취소규정의 **적용을 배제할 수 있다**.

35. 착오를 이유로 **취소하지 않기로 특약한 경우**에도 착오자는 중요부분의 착오가 있으면 **취소할 수 있다.** (×)

핵심 사례

05 甲은 乙소유의 토지를 매수하였는데 중요부분에 착오가 있다는 이유로 매매계약을 취소하고자 한다. 이에 관한 설명으로 **틀린** 것은?

① **甲은** 계약 내용에 착오가 있었다는 사실과 함께 만일 그 착오가 없었더라면 의사표시를 하지 않았을 것이라는 점도 **증명**해야 한다.

② 甲의 취소를 부정하기 위해서는 **乙은** 甲에게 **중대한 과실**이 있었음을 **증명**해야 한다.

③ 乙이 甲의 착오를 **알면서 이용**한 경우에는 착오가 **甲의 중대한 과실**로 인한 것이더라도 甲은 **취소할 수 있다.**

④ **경과실로** 인해 착오에 빠진 甲이 매매계약을 **취소한 경우**, 乙은 甲에게 **불법행위책임을 물을 수 있다.**

⑤ 乙이 甲의 채무불이행을 이유로 매매계약을 **해제한 후에도** 甲은 착오를 이유로 **취소할 수 있다.**

08 | 사기, 강박

> • 부작위, 침묵 ⇨ 사기 ○

1. **부작위**에 의한 **기망행위**도 인정될 수 **있다.**

2. 아파트 분양자가 아파트단지 인근에 대규모 **공동묘지가 조성된 사실을** 알면서 수분양자에게 **고지하지 않은 경우**, 이는 **기망행위에 해당한다.**

3. 아파트 분양자가 아파트 인근에 **쓰레기매립장이 건설될 예정이라는 사실**을 분양계약자에게 **고지하지 않는 것은 기망행위에 해당한다.**

3-1. 부작위에 의한 기망행위에서 **고지의무는 조리상** 일반원칙에 의해서는 **인정될 수 있다.**

> • 시가, 다소 과장 ⇨ 사기 ×

4. 교환계약의 당사자 일방이 자기 소유 목적물의 **시가**를 묵비한 것은 특별한 사정이 없는 한 **기망행위가 아니다.**

5. 계약의 당사자가 목적물의 **시가**를 묵비하여 상대방에게 고지하지 않은 경우, 특별한 사정이 없는 한 **상대방의 의사결정에 불법적인 간섭을 한 것이다.** (×)

6. 분양회사가 상가를 분양하면서 그 곳에 첨단 오락타운을 조성하여 수익을 보장한다는 **다소 과장**된 선전광고를 하는 것은 **기망행위에 해당한다.** (×)

> • 강박
> ① 사회질서위반 ×
> ② 비진의표시 ×
> ③ 완전히 박탈 ⇨ 무효

7. 법률행위의 성립과정에 **강박**이라는 불법적 방법이 사용된 것에 불과한 때에는 **반사회질서의 법률행위라고 할 수 없다.**

8. **강박**에 의해 증여의 의사표시를 하였다면 증여의 **내심의 효과의사가 결여된 것으로 볼 수 있다.** (×)

9. **강박**에 의해 의사결정의 자유가 **완전히 박탈**되어 그 외형만 있는 법률행위는 **무효**이다.

10. 강박행위의 주체가 국가 공권력이고 그 공권력의 행사의 내용이 기본권을 침해하는 것이면 그 **강박**에 의한 의사표시는 당연히 **무효가 된다**. (×)

- 불법적인 해악의 고지 × ➡ 강박 ×

11. 상대방이 **불법적인 해악의 고지 없이** 각서에 서명날인할 것을 강력히 요구하는 것만으로는 **강박이 되지 않는다**.

- 고소, 고발 ➡ 부정 또는 부당 ➡ 위법성 ○ ➡ 강박

12. **부정한 이익의 취득을 목적**으로 하더라도 정당한 권리 행사로서의 **고소, 고발**은 위법성이 부정되어 **강박행위에 해당하지 않는다**. (×)

13. 강박행위의 목적이 정당한 경우에는 비록 그 수단이 **부당**하다고 하더라도 **위법성이 인정될 여지가 없다**. (×)

- 제3자에 의한 사기 강박
① 상대방이 알았거나 알 수 있었을 경우 ➡ 과실 ➡ 취소 ○
② 상대방이 선의무과실인 경우 ➡ 무과실 ➡ 취소 ×
③ 제3자에게 손해배상청구 ➡ 먼저 취소할 필요 ×

14. **제3자의 사기**에 의해 의사표시를 한 표의자는 **상대방이 그 사실을 알았거나 알 수 있었을 경우**에 그 의사표시를 **취소할 수 있다**.

15. 표의자가 **제3자의 사기**로 의사표시를 한 경우, **상대방이 그 사실을 과실로** 알지 못한 경우에는 표의자는 **취소할 수 없다**. (×)

16. **제3자의 사기**로 계약을 체결한 경우, 표의자는 **그 계약을 취소하지 않고 그 제3자에게 불법행위책임을 물을 수 있다**.

17. **제3자의 사기**로 계약을 체결한 경우, 표의자는 먼저 그 계약을 **취소하여야** 제3자에게 불법행위로 인한 **손해배상을 청구할 수 있다**. (×)

18. 제3자의 사기로 계약을 체결한 경우, 그 계약을 취소하지 않으면 그 제3자에게 **손해배상을 청구할 수 없다.** (×)

> • 대리인의 사기 강박 ⇨ 언제나 취소 ○

19. **대리인의 기망행위**에 의해 계약이 체결된 경우, 계약의 상대방은 **본인이 선의이더라도** 계약을 **취소할 수 있다.**

20. 甲의 **대리인 乙의 사기**로 매수한 丙은 甲이 그 사실을 과실 없이 알지 못한 경우에는 사기를 이유로 매매를 **취소할 수 없다.** (×)

21. **기망행위를 한 자가** 상대방의 **대리인**인 경우, 상대방이 그 사실을 **알았거나 알 수 있었을 경우에 한하여** 그 의사표시를 취소할 수 있다. (×)

22. 상대방의 **대리인에 의한 사기**는 제3자의 사기에 해당하지 않으나, 상대방의 **피용자에 의한 사기**는 제3자의 사기에 해당한다.

23. '제3자의 강박'에 의한 의사표시에서 상대방의 **대리인은 제3자에 포함되지 않는다.**

> • 사기와 담보책임 ⇨ 경합(선택) ⇨ 사기를 이유로 취소 ○

24. **기망**에 의하여 **하자** 있는 물건을 매수한 경우, 매수인은 담보책임만을 주장할 수 있고 **사기를 이유로 한 취소권을 행사할 수 없다.** (×)

> • 소송행위 ⇨ 착오, 사기, 강박 ⇨ 취소 ×

25. 사기나 강박에 의한 **소송행위**는 원칙적으로 **취소할 수 없다.**

26. 소송대리인의 사무원의 착오로 **소를 취하**한 경우, 착오를 이유로 **취소할 수 있다.** (×)

> • 사기 ⇨ 손해발생 불요 ⇨ 변칙세일 ⇨ 사기 ○

27. 신의칙에 반하여 정상가격을 높이 책정한 후 할인하여 원래 가격으로 판매하는 백화점 **변칙세일은 기망행위에 해당한다.**

핵심 사례

06 甲은 乙의 기망으로 그 소유의 X토지를 丙에게 팔았고, 丙은 그의 채권자 丁에게 X토지에 근저당권을 설정하였다. 다음 설명 중 틀린 것은?

① 丙이 기망사실을 몰랐다면 **과실이 있더라도** 甲은 매매계약을 **취소할 수 없다**.
② 甲은 매매계약을 **취소하지 않고** 乙에게 **불법행위책임을 물을 수 있다**.
③ 매매계약을 취소한 甲은 丁이 **선의라면** 과실이 있더라도 근저당권설정등기의 **말소를 청구할 수 없다**.
④ 만약 乙이 丙의 **대리인**인 경우, 甲은 丙이 **선의라도** 매매계약을 **취소할 수 있다**.
⑤ 만약 토지거래허가구역 내에서 허가를 받지 않아 **유동적 무효 상태**에 있는 매매계약이라도 甲은 사기를 이유로 **취소할 수 있다**.

07 乙은 甲의 강박에 의해서 자신이 소유하는 X토지를 甲에게 증여하기로 하였다. 이에 대한 설명 중 옳은 것을 모두 고른 것은? (다툼이 있으면 판례에 의함)

> ㄱ. 乙은 증여계약이 **반사회질서의 법률행위**로서 무효라는 **주장을 할 수 없다**.
> ㄴ. 증여계약이 甲의 강박에 의해서 이루어진 것이므로, 乙은 그 **증여계약이 불공정한 법률행위임을 주장할 수 있다**.
> ㄷ. 乙은 甲의 강박에 의해 증여한다는 의사표시를 한 것이므로 **내심적 효과의사가 결여된 것으로 볼 수 있다**.
> ㄹ. 甲의 강박의 정도가 극심하여 乙의 의사결정의 자유가 **완전히 박탈**된 상태에서 증여를 했다면 乙은 **무효를 주장할 수 있다**.

① ㄱ, ㄴ ② ㄴ, ㄷ ③ ㄱ, ㄹ
④ ㄷ, ㄹ ⑤ ㄱ, ㄴ, ㄹ

09 | 의사표시의 효력발생시기

> • 도달주의 ⇨ 요지한 때 ×, 요지할 수 있는 상태 ○

1. **도달**은 표의자의 상대방이 통지를 **현실적으로 수령한 것을 의미한다.** (×)

2. 의사표시의 **도달**이란 상대방이 그 내용을 **안 것을 의미한다.** (×)

★
3. 상대방이 **정당한 사유 없이** 의사표시 통지의 **수령을 거절**한 경우, 상대방이 그 통지의 내용을 알 수 있는 객관적 상태에 놓여 있는 때에 의사표시의 **효력**이 생기는 것으로 보아야 한다.

> • 도달주의 ⇨ 도달 후 철회 ×

★
4. 의사표시가 **도달**한 경우에도 상대방이 그 내용을 알기 전이라면 **철회할 수 있다.** (×)

> • 내용증명우편, 등기우편 ⇨ 도달 추정 ○ / 보통우편 ⇨ 도달 추정 ×

★
5. 의사표시가 기재된 **내용증명우편**이 발송되고 달리 반송되지 않았다면 특별한 사정이 없는 한 그 의사표시는 **도달된 것으로 본다.**

6. **보통우편**의 방법으로 발송된 의사표시는 상당기간 내에 **도달하였다고 추정된다.** (×)

> • 발신 후 표의자가 사망, 행위능력 상실 ⇨ 효력 발생 ○

★★
7. 표의자가 의사표시를 발송한 후 **사망**하더라도 그 의사표시의 **효력에는 영향이 없다.**

★★
8. 표의자가 의사표시를 발송한 후 **사망**한 경우, 그 의사표시는 **효력을 잃는다.** (×)

★
9. **표의자가** 그 통지를 **발송한 후 제한능력자가 되었다면**, 그 의사표시를 **취소할 수 있다.**
(×)

- 제한능력자가 수령한 경우 ⇨ 도달 주장 × ⇨ 법정대리인이 안 때 ⇨ 도달 주장 ○

10. **제한능력자**는 원칙적으로 의사표시의 **수령무능력자이다.**

11. **상대방이 제한능력자**인 경우, 그 **법정대리인이** 의사표시의 **도달을 알기 전에는** 표의자는 **도달을 주장할 수 없다.**

12. 적법하게 성립된 매매에 관하여 해제사유가 발생한 경우, 해제의 의사가 상대방 당사자의 **미성년자에게 도달하면 그 즉시 해제의 효력이 발생한다.** (×)

- 공시송달

13. 표의자가 **과실 없이** 상대방을 알지 못하는 경우, 민사소송법 **공시송달**의 규정에 의하여 의사표시를 송달할 수 **있다.**

14. 표의자가 **과실로** 상대방을 알지 못하는 경우에는 민사소송법 **공시송달**의 규정에 의하여 의사표시의 효력을 발생시킬 수 **있다.** (×)

10 | 대 리

- 대리제도
① 법률행위 ⇨ 대리인
② 효과(책임) ⇨ 본인

1. **대리인에 의하여 체결된 계약이** 상대방에 의하여 **해제된 경우**, 대리인이 수령한 상대방의 급부를 본인이 현실적으로 인도받지 못하였더라도, **본인이** 해제로 인한 **원상회복의무를 부담한다.**

2. 대리인에 의하여 체결된 계약이 상대방에 의하여 해제된 경우, 상대방은 **대리인에게 손해배상을 청구할 수 없다.**

- 매매계약을 체결할 권한
① 대금수령권한, 지급기일연기권한 ○
② 해제 ×, 취소 ×

3. **토지매각의 대리권**을 수여받은 대리인은 특별한 사정이 없는 한 **매매대금을 수령하고 소유권등기를 이전할 권한이 있다.**

4. **대리인이 상대방으로부터 대금 전부를 지급받고** 아직 본인에게 전달하지 않았더라도 특별한 사정이 없는 한 **상대방의 대금지급의무는 변제로 소멸한다.**

5. **포괄적인 매매계약을 체결할 대리권**을 수여받은 대리인은 특별한 사정이 없는 한 **대금지급기일을 연기해 줄 권한이 있다.**

6. 甲이 乙에게 **매매계약을 체결할 대리권**을 수여한 경우, 원칙적으로 乙은 계약을 **해제할 권한도 있다.** (×)

- 권한을 정하지 아니한 대리인
① 보존행위 ⇨ 제한 ×
② 이용행위, 개량행위 ⇨ 성질이 변하지 않는 범위에서 ○

7. 권한을 정하지 아니한 대리인은 **보존행위를 할 수 있다.**

8. 권한을 정하지 아니한 대리인은 **보존행위만을 할 수 있다.** (×)

9. 임의대리인이 본인 소유의 미등기부동산의 **보존등기**를 하기 위해서는 **본인에 의한 특별수권이 있어야 한다.** (×)

10. 대리권의 범위가 명확하지 않은 임의대리인이라 하더라도 **소멸시효를 중단시킬 수 있다.**

> • 자기계약, 쌍방대리가 허용되는 경우
> ① 본인의 허락
> ② 다툼이 없는 확정된 기한이 도래한 채무이행 ⇨ 등기신청행위

★
11. 대리인은 **본인의 허락이 있으면** 본인을 대리하여 자신이 본인의 부동산을 매수하는 계약을 체결**할 수 있다.**

12. **등기신청행위**는 쌍방대리가 허용된다.

13. 대리인에 대한 본인의 금전채무가 **기한이 도래한 경우** 대리인은 **본인의 허락 없이** 그 채무를 **변제하지 못한다.** (×)

> • 임의대리와 법정대리의 공통된 소멸사유
> ① 본인 ⇨ 사망
> ② 대리인 ⇨ 사망, 성년후견개시, 파산
> ③ 한정후견개시 ⇨ 대리권소멸사유 ×

14. **대리인이 사망하면** 특별한 사정이 없는 한 대리인의 **상속인에게 그 대리권이 승계된다.** (×)

15. 대리인이 **성년후견개시** 심판을 받아 제한능력자가 되면 그의 **대리권은 소멸한다.**

★
16. 대리인이 **한정후견개시의** 심판을 받으면 **대리권은 소멸한다.** (×)

17. **수권행위의 철회는** 임의대리와 법정대리의 **공통된 소멸사유이다.** (×)

> • 대리행위의 하자
> ① 대리인을 기준
> ② 본인을 기준 ⇨ 지시, 궁박

18. **대리인이** 매도인의 배임행위에 **적극 가담**하여 이루어진 부동산의 이중매매의 경우, 본인인 매수인이 그러한 사정을 몰랐다면 **반사회적 법률행위가 되지 않는다.** (×)

19. 대리행위가 **불공정한 법률행위**에 해당되는가에 있어서 **궁박·경솔·무경험**은 **대리인을 기준**으로 판단하여야 한다. (×)

20. 대리인이 의사표시를 한 경우, **착오**의 유무는 **본인을 표준**으로 판단하여야 한다. (×)

21. 본인이 **사기**를 이유로 대리행위를 취소하려는 경우, 대리행위가 사기로 영향을 받았는지 여부는 **대리인을 기준으로 판단한다.**

22. 대리인이 **본인의 지시**에 좇아 대리행위를 한 때에는 **본인**은 자기가 안 사정 또는 과실로 인하여 알지 못한 사정에 관하여 **대리인의 부지를 주장하지 못한다.**

> • 대리인이 제한능력자인 경우 ⇨ 대리행위는 취소 ×

23. 대리인은 **행위능력자임을 요하지 않는다.**

24. 甲이 **제한능력자인 乙을 대리인으로 선임**한 경우, 甲은 乙이 한 **대리행위**를 제한능력을 이유로 **취소할 수 있다.** (×)

> • 대리인이 수인인 경우 ⇨ 각자대리 원칙

25. 대리인이 **수인**인 때에는 **공동**으로 본인을 대리함이 **원칙**이다. (×)

> • 임의대리 ⇨ 수권행위 ⇨ 묵시적 가능, 언제든지 철회 ○

26. 대리권수여행위는 **묵시적**으로도 **가능하다.**

27. 임의대리의 경우, 그 원인된 법률관계가 종료되기 전에는 본인은 **수권행위를 철회할 수 없다.** (×)

> • 현명 ⇨ 묵시적 가능

28. 본인을 위한 것임을 표시하는 현명은 **묵시적**으로 할 수는 **없다.** (×)

29. 대리인이 매매계약서에 **본인의 이름**을 기재하고 **본인의 인장**을 날인한 경우에도 **유효한 대리행위가 될 수 있다.**

11 | 복대리

> • 복대리인 ⇨ 대리인이 자신의 이름(책임)으로 선임
> ① 복대리인 선임행위 ⇨ 대리행위 ×
> ② 복대리인 ⇨ 언제나 임의대리인

1. 대리인이 **복대리인을 선임하는 행위**는 본인을 위한 **대리행위이다.** (×)
2. ★ 법정대리인이 선임한 **복대리인도 임의대리인**이다.

> • **복대리인** ⇨ 본인의 대리인

3. ★★ 법정대리인이 선임한 **복대리인은 법정대리인의 대리인이다.** (×)
4. ★★ **복대리인은** 본인의 이름이 아닌 **대리인의 이름으로 대리한다.** (×)
5. 복대리인은 **제3자에 대하여** 대리인과 동일한 권리의무가 있다.
6. 복대리인은 **본인에 대하여 대리인과 동일**한 권리의무가 있다.

> • 임의대리인
> ① 승낙 또는 부득이한 사유 ○ ⇨ 선임
> ② 선임감독상 책임 ○

7. ★ **법률행위**에 의해 대리권을 부여받은 **대리인은** 원칙상 **복대리인을 선임할 수 있다.** (×)
8. 임의대리인은 본인의 **승낙이 있는 때에 한하여** 복임권을 갖는다. (×)
9. ★★ 임의대리인이 **본인의 명시적 승낙**을 얻어 복대리인을 **선임**한 경우에는 본인에 대하여 그 **선임감독에 대한 책임이 없다.** (×)

- 법정대리인
① 언제나 선임 ⇨ 원칙 ⇨ 무과실책임
② 부득이한 사유로 선임 ⇨ 선임감독상 책임

10. **법정대리인**은 그 **책임**으로 복대리인을 **선임할 수 있다.**

11. **법정대리인**은 부득이한 사유가 **없더라도** 복대리인을 **선임할 수 있다.**

12. **법정대리인이 부득이한 사유**로 복대리인을 **선임**한 경우에는 본인에 대하여 **선임·감독상의 책임만 있다.**

- 대리권 소멸 ⇨ 복대리권 소멸

13. **대리인**이 복대리인을 선임한 후 **사망**한 경우, 특별한 사정이 없는 한 그 **복대리권도 소멸한다.**

- 복대리 ⇨ 표현대리 ○

14. 임의대리인이 임의로 선임한 **복대리인**의 권한도 권한을 넘은 **표현대리**의 기본대리권이 될 수 **있다.**

15. 대리인이 대리권소멸 후 **복대리인**을 선임하였다면, 복대리인의 대리행위로는 **표현대리**가 성립할 수 **없다.** (×)

- 대리인이 직접 처리할 필요가 없는 행위 ⇨ 묵시적 승낙 ○

16. 임의대리인은 본인의 **묵시적 승낙**에 의해서도 복대리인을 **선임할 수 있다.**

17. 대리행위의 성질상 **대리인에 의한 처리가 필요하지 않다면**, 특별한 사정이 없는 한 복대리인의 선임에 관하여 **묵시적 승낙이 있는 것으로 볼 수 있다.**

18. **대리인의 능력에 따라 사업의 성공여부가 결정되는 사무**에 대해 대리권을 수여받은 경우에는 본인의 **묵시적 승낙이 있는 것으로 볼 수 없다.**

핵심 사례

08 甲의 임의대리인 乙은 甲 소유의 부동산을 丙에게 매도하기로 약정하였다. 다음 설명 중 **틀린** 것은? (다툼이 있으면 판례에 따름)

① 乙이 **한정후견**개시의 심판을 받더라도 乙의 **대리권은 소멸하지 않는다**.
② 乙이 甲을 위한 것임을 표시하지 않은 경우에도 丙이 계약당사자가 甲임을 알 수 있었다면, 甲과 丙 간에 매매계약이 성립한다.
③ 乙이 미성년자인 경우에는 甲은 乙의 제한능력을 이유로 매매계약을 취소할 수 있다.
④ 乙이 丙으로부터 대금 전부를 지급받고 아직 甲에게 전달하지 않았더라도 특별한 사정이 없는 한 丙의 대금지급의무는 변제로 소멸한다.
⑤ 丙이 매매계약을 해제한 경우, 해제로 인한 원상회복의무는 甲과 丙이 부담한다.

09 甲의 임의대리인 乙이 丙과 부동산매매계약을 체결하였다. 다음 설명 중 옳은 것은?

① 乙이 **대리권을 남용하여** 매매계약을 체결한 경우, **원칙적으로** 乙의 대리행위는 **무권대리가 된다**.
② 乙이 丙에게 **사기**를 행한 경우, 甲이 그 사실을 전혀 몰랐다면 丙은 甲에게 매매계약을 **취소할 수 없다**.
③ 매매계약이 **불공정한 법률행위**인가를 판단함에는 **무경험은 甲을 기준**으로 판단하여야 한다.
④ 乙은 특별한 사정이 없는 한 丙의 채무불이행을 이유로 매매계약을 **해제할 수 있다**.
⑤ 丙이 채무불이행을 이유로 매매계약을 해제한 경우, 丙은 乙에게 손해배상을 청구할 수 없다.

10 甲으로부터 토지매수를 부탁받은 임의대리인 乙이 甲의 허락을 얻어 丙을 복대리인으로 선임하였다. 이에 관한 설명으로 옳은 것은? (다툼이 있으면 판례에 따름)

① 乙은 甲의 이름으로 丙을 선임한다.
② 乙은 甲에 대하여 丙의 선임감독에 대한 책임을 지지 않는다.
③ 丙은 乙의 동의가 있더라도 특별한 사정이 없는 한, 토지매매계약을 해제할 수 없다.
④ 만약 乙이 사망하더라도 丙의 복대리권은 소멸하지 않는다.
⑤ 丙의 복대리권은 권한을 넘은 표현대리의 기본대리권이 될 수 없다.

12 | 무권대리

> • 무권대리행위 자체가 강행규정위반 등으로 무효인 경우
> ① 추인 ⇨ 효력 ×
> ② 무권대리인의 책임 ×
> ③ 표현대리 적용 ×

1. 무권대리행위가 강행규정위반으로 **무효**라 하더라도 본인이 **추인**하면 본인에게 **효력이 발생한다.** (×)

2. 무권대리행위가 강행규정위반으로 **무효**인 경우, **무권대리인의 책임은 발생할 수 없다.**

★★
3. 투자수익보장약정이 강행법규에 위반되어 **무효**인 경우, **표현대리는 적용될 여지가 없다.**

> • 추인 ⇨ 소급 유효

★
4. 무권대리행위를 본인이 추인하면 **추인한 때로부터** 그 효력이 생긴다. (×)

> • 추인의 상대방 ⇨ 무권대리인 ○, 상대방 ○, 전득자 ○

★
5. **추인**은 무권대리행위로 인한 계약의 **승계인에게는 할 수 없다.** (×)

> • 본인이 무권대리인에게 추인 ⇨ 선의의 상대방은 철회 ○

★
6. 본인이 **무권대리인에게 추인**한 경우, **추인 사실을 모르는 상대방**은 계약을 **철회할 수 있다.**

> • 추인 ⇨ 상대방의 동의 불요

7. 무권대리행위의 **추인**은 상대방의 **동의를 얻지 못하는 한 무효이다.** (×)

- 일부추인, 변경을 가한 추인, 조건을 붙인 추인 ⇨ 상대방의 동의 × ⇨ 무효

8. 본인이 무권대리행위의 **일부를 추인**을 하는 경우, **상대방의 동의가 없는 한** 추인의 **효력이 없다.**

- 무권대리인이 본인을 상속 ⇨ 추인을 거절 ×

9. 무권대리인이 본인을 **상속**한 경우, 무권대리인은 상대방에게 **무효**임을 **주장**하여 등기**말소**를 청구할 수 **없다.**

10. 무권대리인이 본인을 **상속**한 경우, 무권대리인이 상대방에게 **추인을 거절하는 것은 신의칙에 반하지 않는다.** (×)

- 묵시적 추인 ⇨ 본인이 계약상 이행할 것처럼 행동한 경우

11. **본인이 무권대리행위를 알면서도 상대방에게 매매대금을 청구하여 수령하였다면**, 특별한 사정이 없는 한, **추인한 것으로 볼 수 있다.**

12. 본인이 무권대리행위를 안 후 그것이 자기에게 효력이 없다고 **이의를 제기하지 않고 이를 장시간 방치한 사실만으로는 추인하였다고 볼 수 없다.**

13. 무권대리행위가 범죄가 되는 경우에 본인이 그 사실을 알고도 장기간 **형사고소를 하지 않았다면 묵시적 추인이 된다.** (×)

- 최고 ⇨ 선의악의 불문 ⇨ 확답 × ⇨ 거절

14. 무권대리행위임을 **알았던 상대방은** 본인에게 **최고할 수 없다.** (×)

15. 상대방이 본인에게 상당한 기간을 정하여 **최고**하였는데 본인이 그 기간 내에 확답을 발하지 아니한 때에는 **추인**한 것으로 본다. (×)

> • 철회 ⇨ 선의만 ⇨ 추인 전까지만 가능

16. 계약체결 당시에 무권대리행위임을 **상대방이 알았더라도** 본인이 추인하기 전이라면 상대방은 계약을 **철회할 수 있다.** (×)

17. 선의의 상대방이 철회한 후에는 본인은 무권대리행위를 추인할 수 없다.

> • **무권대리인의 책임**
> ① 상대방의 선택
> ② **상대방은 선의 무과실**
> ③ 제한능력자 ⇨ 책임 ×
> ④ **무과실책임**

18. 대리권을 증명하지 못한 **대리인은 자신의 선택에 따라** 상대방에게 무권대리인의 책임을 부담한다. (×)

19. 본인의 추인을 얻지 못한 경우, **상대방이** 무권대리에 관하여 **선의이더라도 과실이 있으면 무권대리인은** 상대방에게 계약을 이행할 **책임이 없다.**

20. 무권대리인이 제한능력자인 경우, 상대방은 무권대리인에게 계약이행 또는 손해배상을 청구할 수 **없다.**

21. 무권대리행위를 함에 있어서 **무권대리인에게 과실이 없는 경우에도 무권대리인의 책임은 발생한다.**

22. 무권대리행위가 **제3자의 기망 등 위법행위로** 야기되었더라도 **무권대리인의** 상대방에 대한 **책임은 부정되지 않는다.**

23. 무권대리인의 상대방에 대한 **책임은** 대리권 흠결에 관하여 **무권대리인에게 귀책사유가 있어야만 인정된다.** (×)

> **핵심 사례**

11 미성년자인 乙은 甲의 대리인이라 사칭하여 甲소유의 X부동산을 丙에게 매도하였다. 乙의 행위가 표현대리에 해당한다고 볼 사정은 없다고 가정할 때, 다음 설명 중 <u>틀린</u> 것은? (다툼이 있으면 판례에 따름)

① 丙이 丁에게 토지를 전매하고 이전등기한 경우, 甲은 丁**에 대하여 추인할 수 있다.**
② 甲이 乙에게 추인을 하였으나 丙**이 이를 알지 못한 경우**, 선의의 丙은 매수의 의사표시를 **철회할 수 있다.**
③ 丙이 乙에게 대리권이 없음을 **안 경우에도**, 丙은 甲에게 **최고할 수 있다.**
④ 甲이 추인을 거절한 경우, 乙은 丙의 선택에 따라 丙에 대하여 **계약의 이행 또는 손해배상책임을 져야 한다.**
⑤ 丙이 매매계약을 철회하는 경우, 철회의 효과를 다투는 甲은 丙이 乙에게 대리권이 없다는 사실에 관하여 악의임을 **증명할 책임이 있다.**

12 대리권 없는 乙이 甲을 대리하여 甲 소유 X건물에 대하여 丙과 매매계약을 체결하였다. 표현대리가 성립하지 않는 경우 이에 관한 설명으로 옳은 것은?

① 丙이 甲에게 상당한 기간을 정하여 **최고한 경우**, 그 기간 내에 甲이 확답을 발하지 않으면 **추인**한 것으로 본다.
② 계약체결 당시 乙이 무권대리인임을 丙**이 알았더라도** 甲이 추인하기 전이라면 丙은 **철회할 수 있다.**
③ 무권대리행위가 제3자의 기망으로 야기되어 乙에게 **과실이 없는 경우에도** 乙은 丙에게 무권대리인의 책임을 져야 한다.
④ 甲이 추인을 거절한 경우, 乙은 **자신의 선택에 따라** 丙에게 계약을 이행하거나 손해배상책임을 진다.
⑤ 甲이 사망하여 乙이 단독**상속**한 경우 乙은 본인의 지위에서 위 계약의 추인을 **거절할 수 있다.**

13 | 표현대리

> • 현명하지 않은 경우 ⇨ 표현대리 성립 ×

1. 본인을 위한 것임을 **현명하지 않은 경우**에는 **표현대리는 성립할 수 없다.**

2. 甲의 담보설정 **대리인 乙이 자기 앞으로 소유권이전등기를 하고** 丙에게 소유권이전등기를 경료한 경우, 丙은 **표현대리의 성립을 주장할 수 있다.** (×)

> • 유권대리 주장 ⇨ 표현대리 주장 포함 ×

3. **표현대리가 성립된다고 하여** 무권대리의 성질이 **유권대리로 전환되는 것은 아니다.**

4. 상대방의 **유권대리 주장**에는 **표현대리의 주장도 포함된다.** (×)

5. 소송에서 상대방이 본인에게 **유권대리를 주장**하여 이행청구를 한 경우, **법원은 표현대리의 성립여부를 심리·판단할 필요가 없다.**

> • 표현대리 ⇨ 직접 상대방만이 주장 ○

6. 권한을 넘은 표현대리에 관한 제126조의 **제3자는** 당해 표현대리행위의 **직접 상대방만을 의미한다.**

7. 권한을 넘은 표현대리에 관한 규정에서의 **제3자에는** 당해 표현대리행위의 직접 상대방이 된 자 외에 **전득자도 포함된다.** (×)

> • 상대방의 선의무과실 ⇨ 대리행위 당시를 기준으로 판단

8. 상대방이 **매수당시** 대리인에게 대리권이 있다고 믿은 데 **정당한 이유가 있었다면**, 계약성립 후에 대리권 없음을 알았더라도 **권한을 넘은 표현대리는 성립한다.**

- 과실상계의 법리 적용 × ⇨ 본인의 책임 경감 ×

9. **표현대리가 성립**하는 경우에는 상대방에게 과실이 있더라도 **과실상계**의 법리를 유추적용하여 **본인의 책임을 경감할 수 없다.**

10. **표현대리가 성립**하는 경우, **과실상계**의 법리를 유추적용하여 **본인의 책임을 경감할 수 있다.** (×)

- 대리권수여표시에 의한 표현대리 ⇨ 임의대리 ○, 법정대리 ×

11. 대리권**수여표시**에 의한 표현대리는 **법정대리에는 적용될 수 없다.**

12. 대리권수여표시에 의한 표현대리가 성립하기 위한 **대리권수여의 표시**는 사회통념상 **대리권을 추단할 수 있는 직함의 사용을 승낙한 경우도 포함한다.**

- 권한을 넘은 표현대리
  ① 기본대리권과 월권행위 간에 동종유사성 불요 ⇨ 전혀 별개 ⇨ 성립 ○
  ② 사자, 일상가사대리권, 공법상 대리권(등기신청행위), 복대리권, 표현대리권 ⇨ 기본대리권 ○

13. **기본대리권이 처음부터 존재하지 않는 경우**에는 권한을 넘은 표현대리는 **성립할 수 없다.**

14. 권한을 넘은 표현대리의 경우, 기본대리권이 표현대리행위와 **동종유사할 필요는 없다.**

15. 권한을 넘은 표현대리의 기본대리권은 대리행위와 **같은 종류의 행위이어야 한다.** (×)

16. 대리인이 **사자**를 통해 권한 외의 대리행위를 한 경우, 그 사자에게는 기본대리권이 없으므로 **권한을 넘은 표현대리가 성립할 수 없다.** (×)

17. 사실혼관계에 있는 부부의 경우, **일상가사대리권을 기본대리권으로** 하는 권한을 넘은 표현대리가 **성립할 수 있다.**

18. 권한을 넘은 표현대리는 임의대리뿐만 아니라 **법정대리에도 적용된다.**

19. **공법상** 행위의 **대리권도** 표현대리의 **기본대리권이 될 수 있다.**

20. **기본대리권이 등기신청행위**임에도 대리인이 **대물변제**를 한 경우와 같이 전혀 별개의 행위를 한 경우에는 **권한을 넘은 표현대리가 성립할 수 없다.** (×)

21. 복임권이 없는 임의대리인이 선임한 **복대리인의 권한도 기본대리권**이 될 수 있다.

22. **복대리인**의 행위에 대해서는 **표현대리의 법리가 적용되지 않는다.** (×)

23. **대리권 소멸 후의 표현대리가 인정되는 경우**에 그 표현대리의 권한을 넘은 대리행위가 있을 때에는 **권한을 넘은 표현대리가 성립할 수 있다.**

24. **소멸한 대리권**을 **기본대리권**으로 하여 권한을 넘은 표현대리가 **성립할 수 있다.**

- 대리권소멸 후의 표현대리

25. **대리권이 처음부터 존재하지 않는 경우**에는 대리권소멸 후의 표현대리는 **성립할 수 없다.**

25-1. **수권행위가 무효인 경우**에는 대리권소멸 후의 표현대리가 **적용되지 않는다.**

26. **법정대리**의 경우에도 **대리권 소멸 후의 표현대리가 성립할 수 있다.**

27. 대리인이 대리권소멸 후 **복대리인**을 선임하였다면, 복대리인의 대리행위로는 **표현대리**가 성립할 수 **없다.** (×)

핵심 사례

13 甲은 자신의 토지에 대한 저당권설정대리권을 乙에게 수여하였으나 乙은 이를 악용하여 甲의 대리인으로서 그 토지를 丙에게 매도하였다. 다음 중 틀린 것은?

① **표현대리가 성립하지 않는 한** 甲은 丙에게 매매계약상 **책임을 지지 않는다.**

② 소송에서 丙이 甲에게 **유권대리를 주장**하여 이행청구를 한 경우, 법원은 **표현대리의 성립여부를 직권으로 판단할 수 없다.**

③ 표현대리가 성립한 경우에도 丙에게 과실이 있다면 **과실상계의 법리를 유추적용하여** 甲의 **책임을 감경할 수 있다.**

④ 丙이 **매수 당시** 乙에게 대리권이 있다고 믿은 데 **정당한 이유가 있었다면**, 매매계약 성립 후에 대리권 없음을 알았더라도 **표현대리는 성립한다.**

⑤ 매매계약이 토지거래허가제를 위반하여 **확정적으로 무효**인 경우에는 **표현대리의 법리는 적용될 여지가 없다.**

14 | 토지거래허가구역 ⇨ 허가 × ⇨ 유동적 무효

- 무효 ⇨ 계약상 효력 ×

1. 유동적 무효상태에서는 매도인은 매수인의 **채무불이행을 이유로** 계약을 **해제하거나 손해배상을 청구할 수 없다.**

★
2. 매수인은 **토지거래허가가 있을 것을 조건으로 하여** 매도인을 상대로 소유권이전등기절차의 **이행을 청구할 수 없다.**

- 유동적 ⇨ 협력의무 ○ ⇨ 불이행 ⇨ 소구, 손해배상청구 ○, 해제 ×

★
3. 매도인이 **허가협력을 불이행**하는 경우, 매수인은 매도인에게 **소구하고 손해배상을 청구할 수 있다.**

★
4. 매도인이 **허가협력을 불이행**하는 경우, 매수인은 매매계약을 **해제할 수 있다.** (×)

- 해제 ⇨ 해약금에 의한 해제 ○

★★
5. **허가 전** 유동적 무효인 상태에서도 매도인은 매수인에게 **계약금의 배액을 상환하고 해제할 수 있다.**

★★
6. **허가를 받은 후에는** 매수인은 **계약금을 포기하고 해제할 수 없다.** (×)

- 계약금 반환청구 ⇨ 유동적 무효상태 ×, 무효로 확정 ○

★
7. 계약이 **유동적 무효인 상태**이더라도 매수인은 매도인에게 이미 지급한 **계약금을** 부당이득으로 **반환청구할 수 있다.** (×)

8. 관할관청의 **불허가처분**이 있는 경우, 매수인은 매도인에게 **계약금을** 부당이득으로 **반환청구할 수 있다.**

- 유동적 무효 ⇨ 취소 ○ ⇨ 무효행위도 취소 ○

9. 매수인의 **강박**에 의해 계약을 체결한 경우, 유동적 무효상태에서도 매도인은 계약을 **취소할 수 있다.**

10. 법률행위가 무효와 취소사유를 모두 포함하고 있는 경우, 당사자는 취소권이 있더라도 무효에 따른 효과를 제거하기 위해 이미 **무효인 법률행위를 취소할 수 없다.** (×)

- 토지거래허가구역 ⇨ 중간생략등기 ⇨ 무효

11. **토지거래허가구역 내**에서 이루어진 **중간생략등기**도 실체관계와 부합하면 **유효하다.** (×)

12. **토지거래허가구역 내**에서 **중간생략등기의 합의**에 따라 토지가 전매된 경우, 최종 매수인은 최초 매도인에게 **직접** 허가신청절차의 **협력의무 이행청구권을 가진다.** (×)

- 허가 ○ ⇨ 소급하여 유효

13. **허가를 받으면** 매매계약은 **소급해서 유효로 된다.**

- 유동적 무효 ⇨ 지정해제, 재지정 × ⇨ 유효

14. **유동적 무효인 상태에서** 허가구역 **지정이 해제되거나 재지정하지 아니한 경우**, 그 때부터 매매계약은 **확정적으로 유효**하게 된다.

15. 토지거래허가구역 내의 토지를 매매한 당사자가 계약체결시부터 **허가를 잠탈할 의도**였더라도, 그 후 허가구역 **지정이 해제**되었다면 위 매매계약은 **유효하게 된다.** (×)

- 허가협력의무와 계약상 의무 ⇨ 동시이행관계 ×

16. 매수인은 **매매대금의 제공 없이도** 허가신청절차에 **협력할 것을 청구할 수 있다.**

17. 매도인은 매수인의 중도금미지급을 이유로 **허가협력을 거절할 수 있다.** (×)

15 | 무효와 취소

- 불성립 ⇨ 무효와 취소에 관한 규정 ⇨ 적용될 여지 ×

1. 계약의 본질적인 내용에 대하여 **불합의**가 있는 경우, 계약을 **취소할 수 있다**. (×)

- 무효 ⇨ 누구라도 주장 ○

2. **강행규정에 위반**한 자도 스스로 그 약정의 **무효를 주장할 수 있다.**

3. **강행법규에 위반**한 자가 스스로 그 약정의 **무효를 주장하는 것**은 특별한 사정이 없는 한 **신의칙에 반한다.** (×)

4. **사회질서에 위반**한 사항을 내용으로 하는 법률행위의 **무효**는 이를 주장할 이익이 있는 자라면 **누구든지 무효를 주장할 수 있다.**

5. 토지거래허가구역 내에서 토지매매계약이 **무효로 확정**된 경우, 이에 **귀책사유가 있는 자도 무효를 주장할 수 있다.**

- 계약이 무효 또는 취소된 경우 ⇨ 채무불이행책임, 담보책임 발생 ×

6. 매매계약의 당사자가 **사기**를 이유로 매매계약을 **취소**한 경우, **채무불이행**으로 인한 **손해배상책임**은 발생할 수 **없다.**

7. **무효인 법률행위**의 내용에 따른 법률효과를 침해하는 것처럼 보이는 위법행위가 있더라도 그로 인한 **손해배상을 청구할 수 없다.**

7-1. **통정허위표시**에 따른 법률효과를 침해하는 것처럼 보이는 위법행위가 있는 경우에도 그에 따른 **손해배상을 청구할 수 없다.**

8. **무효인 법률행위**에 따른 법률효과를 침해하는 것처럼 보이는 채무불이행이 있다면 채무불이행으로 인한 **손해배상을 청구할 수 있다.** (×)

> • 일부무효(일부취소)
> ① 원칙 ⇨ 전부 무효
> ② 분할가능성 + 가상적(가정적) 의사 ⇨ 나머지는 유효

9. 법률행위의 **일부분이 무효**인 경우, 원칙적으로 **그 일부분만 무효이다.** (×)

10. **가분적인** 법률행위의 **일부에 취소사유가 존재**하고 나머지 부분을 유지하려는 당사자의 **가정적 의사가 있는 경우**, 일부만의 취소도 가능하다.

> • **무효행위의 추인**
> ① **묵시적으로 가능**
> ② **질서위반** ○ ⇨ **추인** ⇨ **무효**
> ③ **질서위반** × ⇨ 무효임을 알고 추인 ⇨ **새로운 법률행위** ⇨ **소급** ×

11. 무효행위의 추인은 **명시적인 의사표시로 하여야 한다.** (×)

12. 무효행위의 추인은 그 **무효원인이 소멸한 후에 하여야** 효력이 있다.

13. **강행규정을 위반**하여 무효인 행위는 **추인하면 유효로 될 수 있다.** (×)

14. **불공정한 법률행위**로서 무효인 경우에는 **추인에 의하여 유효로 될 수 없다.**

15. **반사회적 법률행위**도 당사자가 무효임을 알고 **추인하면 새로운 법률행위를 한 것으로 본다.** (×)

16. 무효행위의 당사자가 **무효임을 알고 추인하면 새로운 법률행위로 본다.**

17. **무효**인 가등기를 **유효**한 등기로 **전용**하기로 약정하였다면, 가등기는 **소급하여** 유효한 등기로 된다. (×)

18. 매도인이 **통정한 허위의 매매를 추인**한 경우, 다른 약정이 없으면 **계약을 체결한 때로부터** 유효로 된다. (×)

> • 취소할 수 있는 법률행위를 취소한 후 ⇨ 추인
> ① 취소할 수 있는 법률행위의 추인 ×
> ② 무효행위의 추인 ○

19. 취소할 수 있는 법률행위를 **취소한 후**에는 취소할 수 있는 법률행위의 **추인을 다시 할 수 없다.**

★
20. 취소할 수 있는 법률행위를 **취소한 후**에는 **무효행위의 추인도 할 수 없다.** (×)

21. 취소의 원인이 소멸한 후에 **취소된 계약을 다시 추인**하게 되면 **새로운 계약을 한 것으로 본다.**

22. 취소의 원인이 소멸한 후에 **취소된 계약을 다시 추인**하게 되면 계약체결시에 **소급해서 유효로 된다.** (×)

> • 취소권자 ⇨ 제한능력자, 착오·사기·강박에 의해 의사표시를 한 자, 대리인, 승계인

★
23. **미성년자가** 한 법률행위는 그가 **단독으로** 유효하게 **취소할 수 있다.**

★
24. **제한능력자가** 제한능력을 이유로 자신의 법률행위를 **취소하기 위해서는 법정대리인의 동의를 받아야 한다.** (×)

25. 강박에 의한 의사표시를 한 자는 **강박상태를 벗어나기 전에도 이를 취소할 수 있다.**

26. 착오로 인하여 취소할 수 있는 법률행위를 한 자의 **포괄승계인**은 그 법률행위를 **취소할 수 있다.**

> • 취소의 상대방

★
27. 취소할 수 있는 법률행위의 상대방이 확정된 경우, 그 **취소는 그 상대방에 대한 의사표시로 하여야 한다.**

★
28. 취소할 수 있는 법률행위의 상대방이 확정되었더라도 상대방이 그 법률행위로부터 취득한 권리를 제3자에게 양도하였다면 **취소의 의사표시는 그 제3자에게 해야 한다.** (×)

> • 취소 ⇨ 소급 무효

★
29. **취소**된 법률행위는 원칙적으로 **처음부터** 무효인 것으로 본다.

30. 법률행위가 **취소**되면, 그 법률행위는 **취소한 때부터** 무효가 된다. (×)

> • 제한능력을 이유로 취소 ⇨ 현존이익만 반환, 절대적 취소

★
31. **제한능력자 甲이** 乙과 체결한 계약을 **취소**한 경우, 甲은 악의인 때에도 자신이 받은 **이익이 현존하는 한도에서만 상환할 책임이 있다.**

★
32. **제한능력**을 이유로 **취소**한 경우에는 **선의의 제3자에게 대항할 수 있다.**

> • 추인요건
> ① 취소의 원인이 소멸한 후 ⇨ 능력자가 된 후, 착오와 사기를 안 후, 강박상태에서 벗어난 후
> ② **법정대리인** ⇨ **취소의 원인이 소멸하기 전** ⇨ **추인 ○**

33. 취소할 수 있는 법률행위를 **추인한** 후에는 이를 **다시 취소하지 못한다.**

★★
34. **법정대리인은** 취소의 원인이 **소멸하기 전에도 추인할 수 있다.**

★★
35. **법정대리인은** 취소의 원인이 소멸하기 전에는 **추인할 수 없다.** (×)

★★
36. 제한능력자의 법률행위에 대한 **법정대리인의 추인은** 취소의 원인이 **소멸된 후에 하여야** 그 효력이 있다. (×)

- **법정추인**
① 추인요건 ○
② **취소권자가 취소하지 않을 것처럼 행동한 경우** ⇨ **상 청 양** ×
③ 이의를 보류한 때(추인하는 것이 아니라고 명시한 때) ⇨ 법정추인 ×

★
37. 취소권자가 **이의보류 없이** 상대방으로부터 일부의 **이행을 수령한 경우**에는 **법정추인이** 된다.

38. 채무자가 **사기를** 당했음을 **알지 못하고** 채권자에게 계약상의 채무를 이행한 경우에는 그 계약을 **추인한 것으로 볼 수 없다**.

39. **미성년자가 스스로** 취소할 수 있는 법률행위로부터 생긴 채무를 **이행한 경우 법정추인이 된다**. (×)

★★
40. 취소권자가 **상대방**으로부터 **이행청구**를 받은 경우에는 **법정추인이 되지 않는다**.

★★
41. 취소할 수 있는 법률행위에서 취소권자의 **상대방이** 그 취소할 수 있는 행위로 취득한 권리를 **양도**하는 경우 **법정추인이 된다**. (×)

- **취소권 행사기간** ⇨ 추인 3년, 법률행위 10년

★
42. 취소권은 **추인할 수 있는 날로부터 3년** 내에, **법률행위**를 한 날로부터 **10년** 내에 행사하여야 한다.

43. 취소권자의 단기제척기간은 **취소할 수 있는 날로부터 3년**이다. (×)

44. **취소권은** 추인할 수 있는 날로부터 **10년이 경과**하더라도 **행사할 수 있다**. (×)

> 핵심 사례

14 甲은 토지거래허가구역 내에 있는 그 소유의 X토지에 대하여 토지거래허가를 받을 것을 전제로 乙과 매매계약을 체결하였다. 이에 관한 설명으로 **틀린** 것은?

① **허가를 받으면** 매매계약은 **소급해서 유효로 된다**.
② 甲이 **허가협력의무를 이행하지 않더라도** 乙은 매매계약을 **해제할 수 없다**.
③ 甲과 乙이 **허가협력의무 위반**에 따른 **손해배상액을 예정하는 약정은 유효하다**.
④ 甲과 乙이 허가협력의무의 이행거절의사를 **명백히 표시한 경우**, 매매계약은 **확정적으로 무효가 된다**.
⑤ 허가를 받기 전 **유동적 무효인 상태**에서 乙은 甲에게 이미 지급한 **계약금**을 부당이득으로 **반환청구할 수 있다**.

15 미성년자 甲은 법정대리인 丙의 동의 없이 자신의 토지를 乙에게 매도하고 대금수령과 동시에 소유권이전등기를 해주었다. 다음 설명 중 **틀린** 것은?

① 甲은 丙의 동의 없이도 **단독으로** 매매계약을 **취소할 수 있다**.
② 丙이 **취소하면** 매매계약은 **소급해서 무효**가 된다.
③ 丙이 매매계약을 취소하면, 甲은 자신이 받은 **이익이 현존하는 한도에서만 상환할 책임이 있다**.
④ 丙이 매매계약을 추인하는 경우, 그 추인은 **취소의 원인이 소멸하기 전에도 효력이 있다**.
⑤ 만약 乙이 선의의 丁에게 매도하고 이전등기하였다면, 丙이 취소하였더라도 丁은 **소유권을 취득한다**.

16 甲소유 토지를 甲의 기망으로 인하여 매수한 乙이 사기가 있었음을 알게 된 후 다음과 같은 사실이 발생했을 때 乙이 여전히 취소권을 행사할 수 있는 경우는?

① 甲이 乙에게 매매대금 지급을 **청구한 경우**
② 乙이 甲에게 매매대금을 **지급한 경우**
③ 乙이 甲으로부터 소유권이전등기에 필요한 **서류를 받은 경우**
④ 乙이 甲에게 소유권이전등기를 **청구한 경우**
⑤ 甲과 乙이 대금 지급 대신 乙소유 건물로 이전하기로 **약정한 경우**

16 | 조건과 기한

> • 조건부 권리, 기한부 권리 ⇨ 처분 ○

1. 조건의 성취가 미정인 권리도 **처분할 수 있다**.

2. 기한의 도래가 미정한 권리의무는 일반규정에 의해 **처분하거나 담보로 할 수 없다.** (×)

> • 조건 ⇨ 소급 × ⇨ 의사 소급 ○

3. 정지조건부 법률행위는 조건이 성취되면 **법률행위를 한 때로부터** 효력이 발생하는 것이 원칙이다. (×)

4. 해제조건부 증여로 인한 부동산소유권이전등기를 마쳤다 하더라도 그 **해제조건이 성취되면** 그 소유권은 증여자에게 **소급하여** 복귀한다. (×)

5. 당사자가 **조건성취의 효력을** 그 성취 전에 **소급하게 할 의사를 표시**한 때에는 **그 의사에 의한다.**

6. 당사자가 **조건성취의 효력을** 그 성취 전에 **소급하게 할 의사를 표시**한 경우에도 그 효력은 **조건이 성취된 때부터** 발생한다. (×)

7. 당사자가 **조건성취의 효력을** 그 성취 전에 **소급하게 할 의사를 표시**한 경우, 그 **의사표시는 무효이다.** (×)

> • 기한 ⇨ 소급 × ⇨ 의사 소급 ×

8. 기한의 효력은 기한 도래시부터 생기며 당사자가 **특약을 하더라도 소급효가 없다.**

> • 정지조건 ⇨ 효력 발생 / 해제조건 ⇨ 효력 소멸

9. 기성조건이 해제조건이면 조건 없는 법률행위로 한다. (×)

10. 불능조건이 정지조건이면 조건 없는 법률행위로 한다. (×)

11. 조건이 법률행위 당시 **이미 성취**한 경우, 그 조건이 **정지조건**이면 법률행위는 **무효**가 된다. (×)

12. 정지조건이 법률행위 당시 **성취할 수 없는** 것인 경우에는 법률행위는 **무효**이다.

13. 조건이 법률행위 당시 **이미 성취**한 것인 경우, 그 조건이 **해제조건**이면 그 법률행위는 **무효**로 한다.

14. 해제조건부 법률행위는 조건이 **성취되지 않으면** 법률행위의 효력은 **소멸하지 않는다.**

- 시기 ⇨ 효력 발생 / 종기 ⇨ 효력 소멸

15. **시기** 있는 법률행위는 기한이 도래한 때부터 그 **효력을 잃는다.** (×)

- 불법조건 ⇨ 법률행위 전체가 무효 ⇨ 조건만 무효 ×

16. 사회질서에 반하는 조건을 붙인 법률행위는 그 **조건만이 무효**이다. (×)

17. **부첩관계의 종료를 해제조건으로 하는 증여계약**에서 그 조건은 무효이므로 그 증여계약은 **조건 없는 법률행위가 된다.** (×)

- 조건을 붙일 수 없는 법률행위에 조건을 붙인 경우 ⇨ 법률행위 전체가 무효

18. 조건을 붙이는 것이 허용되지 않는 법률행위에 조건을 붙인 경우, 다른 정함이 없으면 그 **조건만 분리하여 무효로 할 수 있다.** (×)

19. **상계**의 의사표시에는 조건과 기한을 붙일 수 **없다**.

- 조건성취를 방해한 경우
  ⇨ 조건이 성취되었을 것으로 추산되는 시점 ⇨ 성취 주장 ○

20. 조건성취로 불이익을 받을 자가 고의가 아닌 **과실로** 신의성실에 반하여 **조건의 성취를 방해한 경우**, 상대방은 조건이 성취된 것으로 주장할 수 있다.

21. 조건성취로 인하여 불이익을 받을 당사자가 신의성실에 반하여 **조건의 성취를 방해한 경우**, 조건이 성취된 것으로 의제되는 시점은 **조건의 성취를 방해한 때이다.** (×)

22. 조건의 성취로 불이익을 받을 당사자가 신의성실에 반하여 **조건의 성취를 방해한 경우**, **처음부터 조건 없는 법률행위로 본다.** (×)

- 입증책임

23. 법률행위의 조건은 그 **조건의 존재를 주장하는 사람이 증명**하여야 한다.

24. 법률행위에 **정지조건이 붙어 있다는 사실**은 그 법률행위의 **효력발생을 다투려는 자가 증명**하여야 한다.

25. 정지조건부 법률행위에서 **조건성취의 사실은 권리를 취득하는 자가 증명**책임을 진다.

- 사실의 발생 유무에 상관없이 그 채무를 이행해야 하는 경우 ⇨ 기한

26. 부관이 붙은 법률행위에 있어서 부관에 표시된 **사실의 발생 유무에 상관없이 그 채무를 이행해야 하는 경우**에는 **기한**으로 보아야 한다.

- 불확정기한 ⇨ 발생이 불가능 ⇨ 기한 도래

★
27. 불확정한 사실이 발생한 때를 이행**기한**으로 정한 경우, **그 사실의 발생이 불가능**하게 되더라도 **이행기한이 도래한 것으로 볼 수 없다.** (×)

- 기한의 이익
  ① 채무자를 위한 것으로 추정
  ② 포기 ○

★
28. 기한은 특별한 사정이 없는 한 **채권자의 이익**을 위한 것으로 **추정한다.** (×)

29. 기한의 이익은 이를 **포기**할 수 있지만, **상대방의 이익을 해하지 못한다.**

- 기한이익 상실의 특약

30. 기한이익 상실의 특약은 특별한 사정이 없는 한 **형성권적** 기한이익 상실의 특약으로 추정된다.

★
31. 기한이익 상실의 특약은 특별한 사정이 없는 한 **정지조건부** 기한이익 상실의 특약으로 추정된다. (×)

박문각 공인중개사

PART 02

물권법

01 | 물권적 청구권

> • 물권적 청구권 ⇨ 물권 보호청구 ⇨ 손해배상청구 ×, 비용청구 ×

1. **손해배상청구권은** 물권적 청구권의 행사 내용에 당연히 **포함되는 것은 아니다.**
2. 소유자는 **물권적 청구권**에 의하여 방해제거비용 또는 방해예방**비용을 청구할 수 없다.**

> • 방해예방청구 ⇨ 방해예방 또는 손해배상담보청구

3. 점유의 방해를 받을 **염려**가 있을 때 점유자는 방해의 예방과 손해배상의 담보를 **함께 청구**할 수 있다. (×)

> • 행사자 ⇨ 현재 물권자

4. 소유자가 제3자에게 그 소유물에 대한 처분권한을 유효하게 수여하면 제3자의 처분이 없더라도 **소유자는** 그 제3자 이외의 자에 대해 **소유권에 기한 물권적 청구권을 행사할 수 없다.** (×)
5. **미등기건물의 양수인도** 그 건물의 불법점유자에 대하여 직접 자신의 **소유권에 기한 건물의 반환을 청구할 수 있다.** (×)
6. **전(前)소유자는** 불법점유자에 대하여 **소유권에 기한 물권적 청구권을 행사할 수 없다.**
7. 물건의 양도시 소유권에 기한 **물권적 청구권을** 소유권과 분리하여 이를 소유권을 상실한 **전(前)소유자에게 유보하여 행사시킬 수 있다.** (×)

> • 상대방 ⇨ 현재 침해자 ⇨ 점유할 정당한 권리가 있는 자에게 행사 ×

8. **甲소유의** 건물에 乙명의의 저당권등기가 불법으로 경료된 후 **丙에게 저당권이전등기가** 되었다면, **甲은** 丙에게 저당권등기의 **말소를 청구할 수 있다.**
9. 타인의 점유를 침탈한 뒤 **제3자에 의해 점유를 침탈당한 자는** 점유물반환청구권의 **상대방이 될 수 있다.** (×)

10. 乙이 소유자 甲으로부터 토지를 **매수**하고 **인도**받았으나 등기를 갖추지 않고 丙에게 전매하고 인도한 경우, 甲은 丙에게 소유물반환청구를 **할 수 없다.**

• 행사자 및 상대방 ⇨ 간접점유자 ○, 점유보조자 ×

---

11. 제3자에 의해 **직접점유가 침탈**된 경우에는 **간접점유자도 점유물반환청구권을 행사할 수 있다.**

12. **임대차목적물 침해자에 대하여** 임차인은 점유보호청구권을 행사할 수 있으나, 소유자인 **임대인은 점유보호청구권을 행사할 수 없다.** (×)

13. **점유보조자가** 그 물건의 사실적 지배를 가지는 이상 물권적 청구권의 **상대방이 된다.** (×)

• 물권적 청구권 ⇨ 대위행사 ○

---

14. **임차인은** 임차목적물에 관한 **임대인의 소유권에 기한 물권적 청구권을 대위행사할 수 있다.**

• 甲소유의 토지 위에 乙이 무단으로 건물을 신축한 경우
① 건물은 乙소유 ⇨ 甲은 乙에게 건물 퇴거 청구 ×
② 乙이 丙에게 건물을 임대 ⇨ 乙 철거, 丙 나가
③ 乙이 丙에게 건물을 매도 ⇨ 丙 철거

---

15. 甲소유의 토지 위에 乙이 무단으로 건물을 신축하였다.
① 甲은 乙을 상대로 그 건물에서 **퇴거할 것을 청구할 수는 없다.**
② 乙이 건물을 丙에게 **임대차**한 경우, **철거청구의 상대방은** 여전히 乙이다.
③ ②의 경우, 건물 철거를 실행하기 위해서 甲은 대항력이 있는 丙에게 건물에서 **퇴거할 것을 청구할 수 없다.** (×)
④ 乙이 丙에게 건물을 미등기 **매매**한 경우, 甲은 아직 건물소유권을 취득하지 못한 **丙에게 철거를 청구할 수 없다.** (×)

> - **점유물반환청구권**
> ① **침탈** ⇨ **사기** ✕
> ② **선의의 제3자에게 행사** ✕
> ③ 1년(출소기간)

16. 점유자가 **사기**를 당해 점유를 이전한 경우, **점유물반환을 청구할 수 없다.**

17. 乙이 甲을 **기망**하여 甲으로부터 점유물을 인도받은 경우, 甲은 乙에게 **점유물반환청구권을 행사할 수 있다.** (✕)

18. 甲이 **점유**하고 있는 물건을 乙이 **침탈**하여 **선의의** 丙에게 양도하고, 다시 丙이 **악의의** 丁에게 양도한 때에는 甲은 丁에게 **점유물반환청구권을 행사할 수 없다.**

19. 점유물반환청구권은 침탈을 당한 날로부터 **1년 이내에 행사**하여야 한다.

> - 직접점유자가 점유물을 제3자에게 양도한 경우 ⇨ 점유물반환청구 ✕

20. 직접점유자가 임의로 점유를 타인에게 **양도한 경우**에는 그 점유이전의 간접점유자의 의사에 반하더라도 **간접점유자의 점유가 침탈된 경우에 해당하지 않는다.**

21. 직접점유자가 임의로 점유물을 **제3자에게 양도**한 경우, **간접점유자는** 제3자에게 **점유물 반환을 청구할 수 있다.** (✕)

> - **지역권, 저당권** ⇨ 반환청구 ✕, 방해제거 ○, 방해예방 ○

22. 저당권자는 목적물에서 임의로 분리, 반출된 물건을 **자신에게 반환할 것을 청구할 수 없다.**

22-1. 저당부동산의 **교환가치를 하락시키는 행위**가 있더라도 **저당권자는** 저당권에 기한 **방해배제청구권을 행사할 수 없다.** (✕)

23. 소유권에 기한 **소유물반환청구권**에 관한 규정은 **지역권에 준용된다.** (✕)

24. 지역권자는 지역권을 방해하는 자에 대하여 **방해의 제거를 청구할 수 있다.**

- 유치권 ⇨ 유치권에 기한 물권적 청구권 ✕

★
25. 甲의 자전거를 수리하여 생긴 수리비채권을 확보하기 위하여 乙이 자전거를 유치하던 중 丙이 그 자전거를 절취한 경우, 乙은 **유치권에 기한** 반환청구권을 **행사할 수 있다**. (✕)

26. 유치권자는 점유의 **침탈**을 당한 때에는 **점유권에 기한** 반환청구권을 **행사할 수 있다**.

> **핵심 사례**

01 乙은 甲소유의 X토지를 임차하여 점유하고 있는데, 丙이 무단으로 X토지 위에 건축폐자재를 적치(積置)하여 乙의 토지사용을 방해하고 있다. 이에 관한 설명으로 옳은 것을 모두 고른 것은? (다툼이 있으면 판례에 따름)

> ㄱ. 丙이 X토지를 자신의 것으로 **오신하여** 건축폐자재를 **적치한 경우**라 하더라도, 乙은 丙에 대하여 **점유권에 기한 방해배제청구권을 행사할 수 있다.**
> ㄴ. 乙은 丙에 대하여 **소유권에 기한** 방해배제청구권을 **행사할 수 없지만**, 甲의 소유권에 기한 방해배제청구권을 **대위 행사할 수 있다.**
> ㄷ. 甲은 丙에 대하여 **점유권에 기한** 방해배제청구권을 **행사할 수 없지만**, 乙의 점유권에 기한 방해배제청구권을 대위 행사할 수 있다.

① ㄱ ② ㄱ, ㄴ ③ ㄴ, ㄷ
④ ㄷ ⑤ ㄱ, ㄴ, ㄷ

02 甲이 乙소유의 X토지에 권원 없이 Y건물을 신축하여 소유하고 있다. 이에 관한 설명으로 옳은 것을 모두 고른 것은? (다툼이 있으면 판례에 따름)

> ㄱ. 乙이 甲에게 X토지의 반환소송에서 승소한 경우, 乙은 甲에게 Y건물에서 **퇴거할 것을 청구할 수 있다.**
> ㄴ. 미등기인 Y건물을 丙이 **매수**하여 인도받았다면 乙은 丙을 **상대로 건물철거를 청구할 수 있다.**
> ㄷ. 甲이 Y건물을 丁에게 **임대**하여 丁이 건물을 점유하고 있는 경우, 乙은 丁을 상대로 건물철거를 청구할 수 있다.

① ㄱ ② ㄴ ③ ㄷ
④ ㄱ, ㄴ ⑤ ㄱ, ㄷ

02 | 부동산물권변동

> • 등기를 요하는 부동산물권변동
> ① 법률행위   ② 점유취득시효완성

★★
1. **매매**를 원인으로 한 소유권이전등기청구소송에서 **승소판결이 확정**된 경우에도 **등기하여야** 소유권을 취득한다.

2. 소유권이전을 내용으로 하는 **화해조서가 작성된 경우, 등기 없이도** 소유권을 취득한다. (×)

★★
3. 부동산에 대한 합유지분의 **포기는** 형성권의 행사이므로 **등기하지 않더라도** 포기의 **효력이 생긴다.** (×)

4. 강제경매로 인해 성립한 관습법상 법정지상권을 법률행위에 의해 **양도**하기 위해서는 **등기가 필요하다.**

★★
5. 공유물분할의 조정절차에서 **협의에 의하여 조정조서가 작성**되더라도 그 즉시 공유관계가 **소멸하지는 않는다.**

★★
6. 미등기부동산의 점유자는 **취득시효완성만으로 즉시** 부동산의 **소유권을 취득한다.** (×)

★★
7. **공유물분할판결**에 의해 물권변동의 효력이 생기기 위해서는 **등기를 요하지 않는다.**

★★
8. **등기를 요하지 않는** 물권취득의 원인인 **판결**이란 **이행판결**을 의미한다. (×)

9. **상속인은** 상속재산인 부동산에 대한 **등기를 한 때** 소유권을 취득한다. (×)

10. **경매의 매수인은 대금완납시에 등기 없이도** 소유권을 취득한다.

11. **신축**에 의한 건물소유권취득에는 소유권**보존등기를 요하지 않는다.**

12. 전세권의 **존속기간이 만료**되면 전세권의 **용익물권적 권능은 말소등기 없이도 소멸한다.**

13. 피담보**채권이 소멸**하면 저당권은 **말소등기 없이도** 소멸한다.

★★
14. 전세권이 **법정갱신**된 경우, 전세권자는 **등기 없이** 전세권설정자로부터 목적물을 취득한 제3자에 대하여 갱신된 권리를 **주장할 수 없다.** (×)

★★
15. **법정지상권자는** 그에 관한 **등기 없이도** 토지소유권을 취득한 선의의 제3자에게 **지상권을 주장할 수 있다.**

- 매수인의 등기청구권 ⇨ 채권적 청구권
1. 통상의 채권양도의 법리에 따라 양도 ×
2. 제3자에게 처분하고 점유를 승계하여 준 경우 ⇨ 소멸시효 진행 ×
3. 제3자의 점유침탈에 의해 점유를 상실한 경우 ⇨ 소멸시효 진행 ○

16. 부동산 **매매로 인한** 소유권이전**등기청구권은** 특별한 사정이 없는 한 그 권리의 성질상 양도가 제한되고 **그 양도에 채무자의 동의를 요한다.**

17. **매수인의** 매도인에 대한 소유권이전**등기청구권의 양도는** 매도인에 대한 **통지만으로 대항력이 생긴다.** (×)

18. **매수인이** 부동산을 인도받아 **사용·수익**하고 있는 이상 매수인의 이전등기청구권은 **시효로 소멸하지 않는다.**

19. 매수인이 부동산을 인도받아 **점유**하고 있다가 **제3자에게 처분하고 점유를 승계하여 준 경우**에는 매수인의 등기청구권은 **소멸시효에 걸리지 않는다.**

20. 제3자에 의해 매수인이 **점유를 침탈당한 경우**에는 **점유상실시부터** 매수인의 등기청구권은 **소멸시효가 진행한다.**

- 시효완성자의 등기청구권 ⇨ 채권적 청구권
1. 통상의 채권양도의 법리에 따라 양도 ○
2. 시효완성자가 점유를 계속 ⇨ 소멸시효 진행 ×
3. 시효완성자가 점유를 상실 ⇨ 소멸시효 진행 ○ ⇨ **바로 소멸 ×**

21. **취득시효완성으로 인한** 소유권이전**등기청구권의 양도는** 특별한 사정이 없는 한 등기의무자에게 **통지함으로써 그에게 대항할 수 있다.**

22. **취득시효완성으로 인한** 소유권이전**등기청구권은** 시효완성 당시의 등기명의인이 **동의해야만 양도할 수 있다.** (×)

23. **점유취득시효 완성**으로 인한 이전등기청구권은 **점유가 계속되는 동안에는 시효로 소멸하지 않는다.**

24. **점유취득시효완성자가** 그 토지에 대한 **점유를 상실한 경우**, 특별한 사정이 없는 한 시효완성을 원인으로 한 **등기청구권도 즉시 소멸한다.** (×)

> • 위조, 무효, 취소, 해제, 합의해제, 해제조건성취 ⇨ 물권적 청구권 ⇨ 소멸시효 ×

★
25. 甲소유의 부동산을 乙이 등기에 필요한 문서를 **위조**하여 乙명의로 등기한 경우, 甲**의 말소등기청구권은 물권적 청구권이다.**

26. 가등기에 기한 소유권이전등기청구권이 시효완성으로 소멸된 후 그 부동산을 취득한 제3자가 가등기권자에 대해 갖는 **등기말소청구권은 채권적 청구권이다.** (×)

★
27. 부동산 양도담보의 피담보채무가 전부 변제되었음을 이유로 **양도담보권설정자가 행사하는** 소유권이전등기**말소청구권은 소멸시효에 걸린다.** (×)

28. 특별한 사정이 없는 한 **합의해제**에 따른 부동산 **매도인의 원상회복청구권은** 소유권에 기한 물권적 청구권으로서 **소멸시효의 대상이 되지 않는다.**

> • 중간생략등기
> ① 이미 등기가 경료된 경우 ⇨ 중간생략등기의 합의가 없더라도 유효
> ② 중간생략등기의 합의가 없는 경우 ⇨ 대위 청구만 가능
> ③ 중간생략등기의 합의가 있는 경우 ⇨ 대위 청구, 직접 청구 선택 가능
> ④ 토지거래허가구역 ⇨ 중간생략등기 ⇨ 무효

★
29. **중간생략등기가** 적법한 등기원인에 기하여 **이미 경료**되었다면, 중간생략등기의 합의가 없었음을 들어 그 **등기의 말소를 구할 수는 없다.**

★★
30. 甲은 자신의 X토지를 乙에게 매도하였고, 乙은 X토지를 丙에게 전매하였다.
    ① 甲, 乙, 丙 사이에 **중간생략등기에 관한 합의가 있다면**, 乙의 甲에 대한 소유권이전**등기청구권은 소멸한다.** (×)
    ② 甲, 乙, 丙 사이에 **중간생략등기에 관한 합의가 있은 후** 甲·乙 간의 특약으로 **매매대금을 인상한 경우**, 甲은 인상된 **매매대금의 미지급을 이유로** 丙에 대한 소유권이전등기의무의 이행을 **거절할 수 있다.**
    ③ 甲과 乙, 乙과 丙이 중간등기 생략의 합의를 순차적으로 한 경우, 丙은 甲**의 동의가 없더라도** 甲을 상대로 **중간생략등기청구를 할 수 있다.** (×)
    ④ 乙이 丙에게 소유권이전**등기청구권을** 양도하고 그 사실을 甲**에게 통지한 경우**, 그 사실만으로는 丙은 **직접** 甲에게 **이전등기를 청구할 수 없다.**
    ⑤ 만약 X토지가 **토지거래허가구역**에 소재한다면, 甲, 乙, 丙 사이에 중간생략등기에 관한 합의가 있더라도 丙은 **직접** 甲에게 허가신청절차의 **협력을 구할 수 없다.**

> 핵심 사례

03 乙은 2005. 1. 10. 甲소유의 X토지를 매수하고 대금을 지급한 후 X토지를 인도 받았으나 소유권이전등기는 마치지 않았다. 乙은 2015. 12. 31. X토지를 다시 丙에게 매도하였고, 2019. 2. 16. 현재까지 丙 역시 미등기 상태로 X토지를 점유하고 있다. 이에 관한 설명으로 틀린 것은?

① 甲은 丙에게 소유권에 기하여 X토지의 **반환을 청구할 수 없다**.
② 丙은 乙의 甲에 대한 등기청구권을 **대위하여 행사할 수 있다**.
③ 乙이 丙에게 X토지를 매도하고 인도하였으므로, 점유를 상실한 때부터 **乙의 甲에 대한 등기청구권의 소멸시효가 진행한다**.
④ 甲은 丙에게 불법점유를 이유로 임료 상당의 **부당이득반환을 청구할 수 없다**.
⑤ X토지를 **제3자가 불법점유**하고 있는 경우, 丙은 제3자에 대하여 **소유권에 기한 물권적 청구권을 행사할 수 없다**.

04 甲은 자신의 X토지를 乙에게 매도하였고, 乙은 X토지를 丙에게 전매하였다. 다음 설명으로 틀린 것을 모두 고른 것은? (다툼이 있으면 판례에 따름)

> ㄱ. 甲, 乙, 丙 사이에 **중간생략등기에 관한 합의가 없다면**, 甲으로부터 丙에게로 이루어진 중간생략등기는 무효이다.
> ㄴ. 乙이 甲에 대한 소유권이전등기청구권을 丙에게 **양도하고 이를 甲에게 통지하였다면**, 丙은 특별한 사정이 없는 한 甲에게 **직접 소유권이전등기를 청구할 수 있다**.
> ㄷ. 甲, 乙, 丙 사이에 중간생략등기에 관한 합의가 있은 후 甲·乙 간의 특약으로 **매매대금을 인상한 경우**, 甲은 **인상된 매매대금의 미지급을 이유로** 丙에 대한 소유권이전등기의무의 **이행을 거절할 수 있다**.
> ㄹ. 만약 X토지가 **토지거래허가구역 내**의 토지라면, 丙이 자신과 甲을 매매 당사자로 하는 토지거래허가를 받아 자신 앞으로 소유권이전등기를 경료하였더라도 그 소유권이전등기는 **무효이다**.

① ㄱ, ㄴ   ② ㄱ, ㄷ   ③ ㄴ, ㄷ
④ ㄴ, ㄹ   ⑤ ㄷ, ㄹ

03 | 등 기

> • 등기 ⇨ 효력발생요건 ○, 효력존속요건 × ⇨ 불법말소 ⇨ 물권은 효력 ○

★
1. 등기는 물권의 효력발생요건이고 **효력존속요건이다**. (×)

2. 乙소유의 부동산에 대한 甲**의 등기부취득시효가 완성된** 후 甲명의의 등기가 적법한 **원인 없이 말소**되더라도 甲은 **소유권을 상실하지 않는다.**

3. 소유권이전등기가 **불법말소**된 경우, 말소된 등기의 최종명의인은 그 **회복등기가 경료되기 전**이라도 **적법한 권리자로 추정된다.**

> • 저당권 불법말소 ⇨ 경매 ⇨ 말소회복청구 ×

★
4. 甲소유 부동산에 설정된 **저당권이 불법으로 말소된 후 경매**로 乙에게 소유권이 이전된 경우, 배당받지 못한 저당권자는 甲을 상대로 **말소회복을 청구할 수 있다.** (×)

> • 미등기건물 매수인 ⇨ 보존등기 ⇨ 유효

★
5. **미등기건물의 승계취득자가** 원시취득자와의 합의에 따라 **직접 소유권보존등기를 마친 경우**, 그 등기는 실체관계에 부합하는 등기로서 **유효하다.**

> • 이중보존등기 ⇨ 선등기 유효, 후등기 무효

★
6. 중복된 소유권보존등기의 등기명의인이 동일인이 아닌 경우, 선등기가 원인무효가 아닌 한 **후등기는 무효이다.**

> • 위조 ⇨ 실체관계에 부합 ⇨ 유효

7. 위조문서에 의한 등기신청에 의하여 이루어진 **등기**라 하더라도 **실체관계에 부합하면 유효하다.**

> • 등기의 공신력 ×

8. **무효인 소유권이전등기에 터 잡아** 이루어진 근저당권설정등기는 무효이지만, 무효인 근저당권에 기한 경매절차에서 **경락받은 자는 그 소유권을 취득할 수 있다.** (×)

9. **피담보채권의 소멸 후** 저당권의 말소등기가 경료되기 전에 그 저당권부 채권의 압류 및 전부명령을 받아 저당권이전등기를 경료한 자는 그 **저당권을 취득할 수 있다.** (×)

> • 무효등기의 유용
> ① 표제부 × ⇨ 보존등기의 유용 ×
> ② 사항란 ○ ⇨ 등기상 이해관계인이 없는 경우

★
10. 기존건물이 전부 멸실된 후 그곳에 새로이 건축한 건물의 물권변동에 관한 등기를 위해 **멸실된 건물의 보존등기를 유용할 수 있다.** (×)

11. **사항란** 등기의 유용은 **등기유용합의 이전에 등기상 이해관계 있는 제3자가 나타나지 않는 경우에 한하여** 허용된다.

> • 가등기
> ① 본등기 전 ⇨ 아무 효력 × ⇨ 추정력 ×, 대항력 ×
> ② 본등기 후 ⇨ 순위는 소급 ○, 물권변동의 시기는 소급 ×

★
12. **가등기는 물권적 청구권**을 보전하기 위하여는 **할 수 없다.**

★
13. 가등기가 경료된 후 소유자가 변경된 경우, 가등기에 기한 **본등기는** 가등기의무자가 아닌 **현재소유자에게 청구해야 한다.** (×)

14. 가등기에 기한 본등기가 경료되면, 등기공무원은 그 가등기 후에 한 제3자 명의의 소유권이전등기를 **직권으로 말소하여야 한다.**

★
15. 가등기에 기하여 본등기가 경료되면 **물권변동의 효력은 가등기한 때로 소급하여 발생한다.** (×)

16. **가등기된 권리의 이전등기는** 가등기에 대한 **부기등기**의 형식으로 할 수 있다.

> • 등기의 추정력
> ① 가등기 ⇨ 추정력 ×
> ② 소유권보존등기 ⇨ 원시취득한 사실이 추정
> ③ 소유권이전등기 ⇨ 승계취득한 사실이 추정

1. ★★ 소유권이전청구권 보전을 위한 **가등기**가 있으면, 소유권이전등기를 청구할 어떠한 법률관계가 있다고 **추정된다**. (×)

2. ★★ **소유권보존등기의 명의자가 건물을 신축한 것이 아니더라도** 등기의 **추정력은 인정된다**. (×)

3. ★★ **소유권보존등기의 명의인이** 부동산을 **양수받은 것이라 주장**하고 전소유자는 양도사실을 부인하는 경우에도 그 **보존등기의 추정력은 인정된다**. (×)

4. 「임야소유권 이전등기에 관한 **특별조치법**」에 의한 **소유권보존등기**가 경료된 임야에 관하여는 그 임야를 **사정받은 사람이 따로 있는 것이 사후에 밝혀진 경우라도**, 그 등기는 실체적 권리관계에 부합하는 등기로 **추정된다**.

5. ★ 소유권이전등기의 원인으로 주장된 **계약서가 진정하지 않은 것으로 증명된 경우**에는 그 등기의 **추정력은 깨진다**.

6. ★ **소유권이전등기명의자는** 제3자뿐만 아니라 그 **전소유자에 대하여도** 적법한 등기원인에 의하여 소유권을 취득한 것으로 **추정된다**.

7. **매매를 원인으로 하여** 甲에게서 乙 앞으로 마쳐진 **소유권이전등기**에 대해 甲이 말소를 청구하는 경우, 乙은 등기의 추정력을 주장할 수 없다. (×)

8. ★ **등기명의인이 등기원인을 다소 다르게 주장**한다고 하여 이로써 **추정력이 깨어지는 것은** 아니다.

9. **매매로** 인한 소유권이전등기에서 **등기명의자가** 등기원인을 **증여로 주장**하였다면 등기의 **추정력은 깨진다**. (×)

10. 등기명의자가 **허무인으로부터 소유권이전등기를 이어받았다는 사실만으로는** 그 등기의 **추정력은 깨지지 않는다**. (×)

11. **사망자 명의로 신청**하여 이루어진 소유권이전등기는 **추정력이 인정될 수 없으나**, 등기의무자의 **사망 전에 그 등기원인이 이미 존재하는 때에는 추정력이 인정된다**.

12. 근저당권등기가 행해지면 **피담보채권**뿐만 아니라 그 피담보채권을 성립시키는 **기본계약의 존재도 추정된다**. (×)

04 | 혼 동

> • 점유권 ⇨ 혼동으로 소멸 ×

★
1. 甲소유의 토지를 지상권자 乙이 점유하고 있던 중 乙이 토지소유권을 취득한 경우, **乙의 점유권은 혼동으로 소멸한다.** (×)

> • 제3자 권리 ○ ⇨ 소멸 ×

★
2. 甲의 토지 위에 乙이 1번 저당권, **丙이 2번 저당권**을 가지고 있다가 乙이 증여를 받아 토지소유권을 취득하더라도 **1번 저당권은 소멸하지 않는다.**

3. 토지 위에 甲이 1번 저당권, 乙이 **2번 저당권**을 취득하고, **丙이 토지를 가압류한 후** 乙이 토지를 매수하여 소유권을 취득한 경우, **乙의 저당권은 소멸하지 않는다.**

4. **후순위 저당권이 있는** 부동산의 **소유권을 선순위 저당권자가** 아무런 조건 없이 증여 받아 **취득한 경우**, 혼동에 의해 **저당권은 소멸한다.** (×)

5. **후순위 저당권이 존재**하는 주택을 대항력을 갖춘 임차인이 **경매절차에서 매수한 경우**, **임차권은 혼동으로 소멸한다.**

★
6. 乙이 甲의 토지 위에 지상권을 설정받고, **丙이 그 지상권 위에 저당권을 취득한 후** 乙이 甲으로부터 그 토지를 매수한 경우, **乙의 지상권은 소멸하지 않는다.**

★
7. 乙이 甲의 토지 위에 지상권을 설정받고, 丙이 그 지상권 위에 저당권을 취득한 후 丙이 乙로부터 지상권을 취득한 경우, **丙의 저당권은 소멸한다.**

> • 가등기에 기한 본등기청구권

8. 가등기에 기한 본등기절차에 의하지 않고 별도의 이전등기를 경료받은 경우, **제3자 명의로 중간처분의 등기가 있으면** 가등기에 기한 **본등기를 청구할 수 있다.**

9. 가등기에 기한 본등기절차에 의하지 않고 별도의 이전등기를 경료받은 경우, **제3자 명의로 중간처분의 등기가 없으면** 가등기에 기한 **본등기를 청구할 수 없다.**

> • 혼동 ⇨ 등기 ✕

★
10. **혼동**으로 인한 물권소멸의 효력은 **등기 없이도** 발생한다.

11. 혼동의 원인인 매매계약이 **취소되면**, 소멸된 물권은 **말소회복등기 없이도 당연히 부활한다.**

12. 부동산 근저당권자가 그 소유권을 취득하여 근저당권이 혼동으로 소멸한 경우, 그 **소유권 취득이 무효인 것이 밝혀졌더라도** 소멸하였던 **근저당권은 부활하지 않는다.** (✕)

핵심 사례

05 혼동으로 물권이 소멸하는 경우는?
① 甲의 토지에 乙이 1번 저당권, 丙이 **2번 저당권**을 취득한 후 乙이 **토지소유권을 취득하는 경우**
② 甲의 토지에 乙이 지상권을 취득하고, 그 지상권 위에 丙이 **저당권**을 취득한 후 乙이 **토지소유권을 취득하는 경우**
③ 甲의 토지에 대한 乙의 지상권 위에 丙이 1번 저당권, 丁이 **2번 저당권**을 취득한 뒤 丙이 乙의 지상권을 **취득하는 경우**
④ 甲의 건물에 乙이 1번 저당권, 丙이 **2번 저당권**을 취득한 후 丙이 **건물소유권을 취득하는 경우**
⑤ 甲의 건물에 乙이 대항력 있는 임차권을 취득한 다음 그 건물에 丙이 **저당권**을 취득한 후 乙이 **매매로 건물소유권을 취득하는 경우**

05 | 점유권

> • 불법점유자 ⇨ 점유보호청구권 ○

1. **불법점유자**는 그 점유가 **방해되어도 방해배제를 청구할 수 없다.** (×)

2. **점유권**에 기인한 소는 **본권**에 관한 이유로 **재판할 수 없다.**

> • 건물소유자 ⇨ 토지점유자

★
3. 건물 공유자 중 일부만이 당해 건물을 점유하고 있는 경우, 그 **건물의 부지는 건물 공유자 전원이 공동으로 점유하는 것으로 볼 수 있다.**

★
4. **건물소유자가 아닌 자는** 건물을 점유하고 있더라도 특별한 사정이 없는 한 **토지를 점유하는 자라고 볼 수 없다.**

> • 건물소유자 ×, 건물에 대한 처분권 ○ ⇨ 토지점유자

★
5. **미등기건물의 양수인**은 그 건물에 대한 사실상의 처분권을 보유하고 있으므로, **건물부지를 점유하는 것으로 볼 수 있다.**

6. 미등기건물에 대한 **양도담보계약상의 채권자의 지위를 승계하여 건물을 관리하고 있는 자는 건물에 대한 철거처분권을 가진 자에 해당한다.** (×)

> • 간접점유자 ⇨ 점유매개관계 ⇨ 점유권 ○

7. 간접점유의 **점유매개관계는 중첩적**으로 있을 수 **있다.**

8. 간접점유의 요건이 되는 **점유매개관계는 법률행위가 아닌 법률규정에 의해서는 발생할 수 없다.** (×)

★
9. 점유매개자의 점유를 통한 **간접점유에 의해서도 점유에 의한 시효취득이 가능하다.**

> • 점유자 ⇨ 무과실 ⇨ 추정 × ⇨ 스스로 입증

10. **점유자**는 소유의 의사로 선의, 평온, 공연, **무과실**로 점유한 것으로 **추정된다**. (×)

11. **점유자**는 스스로 **자주점유**임을 **증명**하여야 한다. (×)

> • 등기를 신뢰 ⇨ 무과실 추정 ○

12. 부동산 **등기**명의인을 소유자로 **믿고** 그 부동산을 매수하여 점유하는 자는 특별한 사정이 없는 한 **과실 없는 점유자에 해당한다**.

> • 점유자 ⇨ 권리 추정 ⇨ 동산 ○, 부동산 ×

13. 점유자가 **점유물**에 대하여 행사하는 **권리**는 적법하게 보유한 것으로 **추정**된다.

14. **점유자**의 **권리적법추정**은 특별한 사정이 없는 한 **등기된 부동산물권에도 적용된다**. (×)

> • 전후 양 시점의 점유자가 다른 경우 ⇨ 점유의 승계가 입증 ⇨ 점유계속은 추정

15. 전후 양 시점의 점유자가 다른 경우에는 **점유의 승계가 증명**되더라도 점유가 **계속된 것으로 추정되지 않는다**. (×)

- 자주점유와 타주점유 ⇨ 권원의 성질에 의하여 객관적으로 결정

★
16. 점유자의 점유가 자주점유인지 타주점유인지의 여부는 점유자의 **내심의 의사에 의하여 결정된다.** (×)

★
17. **점유매개자**의 점유는 **자주점유**이다. (×)

18. 타인의 토지에 분묘를 설치하고 점유하는 **분묘기지권자는 타주점유자이다.**

★
19. **매수인이** 착오로 인접 토지의 일부를 그가 **매수한 토지에 속하는 것으로 믿고 점유한 경우**, 그 점유방법이 분묘를 설치관리하는 것이라도 **자주점유이다.**

★
20. 매매대상 토지의 면적이 공부상 면적을 **상당히 초과**하는 경우 그 초과부분에 대한 점유는 **타주점유이다.**

21. **공유자 1인이** 공유토지 전부를 점유하고 있는 경우, 다른 특별한 사정이 없는 한 토지 **전부에 대한 자주점유가 인정된다.** (×)

22. 피상속인의 점유가 **타주점유**라 하더라도 **선의의 상속인은 자주점유로 인정된다.** (×)

23. **타주점유자인** 피상속인을 **상속한 자가 새로운 권원에 의하여** 다시 소유의 의사로 점유한 경우에는 **자주점유로 전환된다.**

★
24. 전점유자의 점유가 타주점유라 하더라도 **점유자의 승계인은 자기의 점유만을 주장할 수 있으며**, 이 경우 승계인의 점유는 **자주점유로 추정된다.**

25. **점유자의 승계인이 자기의 점유만을 주장하는 경우**에도, 전 점유자의 점유가 타주점유라면 **현 점유자의 점유는 타주점유로 추정된다.** (×)

26. **양자간 등기명의신탁**에 있어서 부동산의 **명의수탁자의 상속인**에 의한 점유는 특별한 사정이 없는 한, **타주점유에 해당한다.**

27. **계약명의신탁**약정에 따라 명의수탁자 명의로 등기된 부동산을 명의신탁자가 점유하는 경우, 특별한 사정이 없는 한, **명의신탁자의 점유는 타주점유에 해당한다.**

> • 자주점유의 추정
> ① 소유자가 소제기 ⇨ 점유자 패소 ⇨ 판결확정시부터 타주점유로 전환 ○
> ② 점유자가 소제기 ⇨ 점유자 패소 ⇨ 자주점유 추정 ○

28. **부동산의 점유자가** 지적공부 등의 관리주체인 **국가나 지방자치단체인 경우에는 자주점유로 추정되지 않는다.** (×)

29. 진정한 소유자가 제기한 소유권이전등기의 **말소소송에서 점유자가 패소한 경우, 패소판결 확정 후부터** 점유자의 점유는 **타주점유로 전환된다.**

30. **토지점유자가** 소유자를 상대로 소유권이전등기말소청구의 **소를 제기하였다가 패소한 경우**, 자주점유의 추정이 번복되어 **타주점유로 전환된다고 할 수 없다.**

31. **점유자가 스스로** 매매 등과 같은 자주점유의 권원을 **주장하였으나** 이것이 인정되지 않는 경우, 이 이유만으로도 **자주점유의 추정은 깨진다.** (×)

32. 점유자가 부동산을 **증여받아 점유를 개시한 이후에** 그 증여가 무권리자에 의한 것임을 **알았더라도 그 점유가 타주점유가 된다고 볼 수 없다.**

33. 부동산의 **매매당시에는 그 무효를 알지 못하였으나** 이후 매매가 무효임이 밝혀지더라도 특별한 사정이 없는 한, **매수인의 점유는 여전히 자주점유이다.**

34. 타인소유의 토지를 자기소유 토지의 일부로 알고 이를 점유하게 된 자가 **나중에 그러한 사정을 알게 되었다면** 그 점유는 그 사정만으로 **타주점유로 전환된다.** (×)

> • 선의의 자주점유자가 본권의 소에서 패소한 경우
> ① 선의 ⇨ 악의 ⇨ 소제기시
> ② 자주 ⇨ 타주 ⇨ 판결확정시

35. **선의의** 점유자라도 본권에 관한 소에서 패소한 때에는 **그 판결이 확정된 때로부터 악의의 점유자로 본다.** (×)

36. **진정한 소유자가** 점유자를 상대로 소유권이전등기의 말소청구소송을 **제기하여** 점유자의 패소가 확정된 경우, 그 **소가 제기된 때부터** 점유자의 점유는 **타주점유로 전환된다.** (×)

06 | 점유자와 회복자의 관계

- 선의 점유자 과실취득
① **부당이득반환** ×
② 소제기 후 과실은 반환 ○
③ 사용이익 ⇨ 과실에 포함 ○
④ 매매계약이 해제된 경우 ⇨ 선의 점유자 과실취득 ×

★★
1. 타인의 건물을 **선의로 점유한 자**는 비록 법률상 원인 없이 사용하였더라도 이로 인한 **이득을 반환할 의무가 없다.**

★★
2. **선의의 점유자가 과실을 취득**함으로써 타인에게 **손해**를 입힌 경우, 그 과실취득으로 인한 이득을 그 타인에게 **반환할 의무가 있다.** (×)

★
3. **선의**의 점유자가 본권에 관한 소에서 패소한 때에는 **소제기시부터 그 이후의 과실은 반환해야 한다.**

★
4. 타인 소유물을 권원 없이 점유함으로써 얻은 사용이익을 반환하는 경우, **악의의 점유자는 사용이익뿐만 아니라 그 이자도 반환해야 한다.**

5. **악의의 점유자는** 그의 **귀책사유로** 과실을 수취하지 못한 경우에는 그 **과실의 대가를 보상하여야 한다.**

6. **악의의 점유자가** 과실을 수취하지 못한 경우, 이에 대한 **과실이 없더라도 그 과실의 대가를 보상하여야 한다.** (×)

7. **은비(隱秘)**에 의한 점유자는 점유물의 **과실을 수취할 권리가 있다.** (×)

★
8. 이행지체로 인해 매매계약이 **해제**된 경우, **선의**의 점유자인 매수인에게 **과실취득권이 인정된다.** (×)

- **선의 자주** 점유자 ⇨ **현존이익** 한도에서 배상

9. 점유물이 점유자의 책임 있는 사유로 인하여 멸실 또는 훼손된 경우, **선의의 자주점유자는** 그 이익이 **현존하는 한도에서 배상하여야 한다.**

10. 점유물이 **타주점유자**의 책임 있는 사유로 멸실된 경우, 그가 선의의 점유자라면 **현존이익의 범위에서 손해배상책임을 진다.** (×)

11. 점유물이 점유자의 책임 있는 사유로 멸실된 때, **악의의 점유자**라 하더라도 **자주점유**인 경우는 **타주점유에 비하여 책임이 경감된다.** (×)

- **비용상환청구**
  ① **악의 점유자** ⇨ **비용상환청구** ○
  ② **과실수취한 점유자** ⇨ **통상 필요비 청구** ×
  ③ **유익비** ⇨ **현존** ⇨ **회복자의 선택**

12. **악의의 점유자**는 원칙적으로 **필요비 전부**의 상환을 **청구할 수 있다.**

13. **악의의 점유자는** 특별한 사정이 없는 한 점유물에 지출한 **통상의 필요비의 상환을 청구할 수 없다.** (×)

14. 점유자가 **과실**을 **수취**한 경우에는 **통상의 필요비는 청구하지 못한다.**

15. 선의의 점유자는 **과실을 취득**하더라도 **통상의 필요비**의 상환을 **청구할 수 있다.** (×)

16. 과실을 취득한 점유자는 그가 지출한 **비용 전부를 청구할 수 있다.** (×)

17. **유익비**에 관하여는 그 가액의 증가가 **현존**한 경우에 한하여 **점유자의 선택**에 좇아 그 지출금액이나 증가액의 상환을 청구할 수 있다. (×)

18. 점유자가 **필요비**를 지출한 경우, 그 가액의 증가가 **현존한 경우에 한하여** 상환을 청구할 수 있다. (×)

- 상환기간 허여청구 ⇨ 필요비 ×, 유익비 ○

19. **필요비**상환청구권에 대하여 회복자는 법원에 **상환기간의 허여를 청구**할 수 있다. (×)

20. 법원이 **유익비**의 상환을 위하여 상당한 **기간을 허여한 경우**, 유치권은 성립하지 않는다.

- 본권 없는 점유자 ⇨ 현재 소유자 ⇨ 반환할 때 청구

★
21. **무효인 매매계약**의 매수인이 점유목적물에 필요비 등을 지출한 후 매도인이 그 목적물을 제3자에게 양도한 경우, **점유자인 매수인은 양수인에게 비용상환을 청구할 수 있다.**

22. 점유물의 소유자가 변경된 경우, **점유자는** 유익비 지출 당시의 **전 소유자에게 유익비 상환을 청구해야 한다.** (×)

★
23. 회복자로부터 점유물의 **반환을 청구** 받은 점유자는 **유익비의 상환을 청구할 수 있다.**

24. 점유자가 점유물을 개량하기 위하여 **유익비**를 지출한 경우는 점유자가 점유물을 **반환할 때**에 그 상환을 청구할 수 있으나, **필요비**를 지출한 경우에는 **즉시 상환을 청구할 수 있다.**
(×)

25. **임차인이 유익비를 지출한 경우**, **임차인은** 임대인이 아닌 점유회복 당시의 소유자에게 **점유자의 비용상환청구권을 행사할 수 없다.**

핵심 사례

06 甲소유의 토지를 乙이 위조하여 자기 앞으로 이전등기한 후 乙을 소유자로 신뢰한 丙에게 매도하여 이전등기하고 丙이 현재까지 점유하고 있다. 甲이 제기한 본권에 관한 소에서 丙이 패소한 경우 다음 설명 중 틀린 것은?

① 丙이 점유개시시부터 **소제기 전까지 취득한 과실**은 甲에게 **반환할 의무가 없다.**
② **소가 제기된 후** 판결확정 전에 丙이 토지를 **훼손한 경우**, 판결확정 전까지는 자주점유로 인정되므로 丙은 **현존이익의 한도에서** 손해를 배상하면 족하다.
③ 선의인 丙은 **과실을 수취**한 경우에는 甲에게 **통상의 필요비는 청구하지 못한다.**
④ 丙이 토지에 **유익비**를 지출한 경우, **甲의 선택**에 따라 지출금액이나 증가액의 상환을 청구할 수 있다.
⑤ 甲이 丙에게 소유권이전**등기말소만을 청구하는 경우**에는 丙은 **유익비**상환청구권으로 **유치권항변을 할 수 없다.**

07 | 소유권

> • 상린관계
> ① 지상권자, 전세권자, 임차인 ⇨ 적용 ○
> ② 측량비용 ⇨ 면적에 비례 / 설치비용 ⇨ 절반
> ③ 가지 ⇨ 제거청구 / 뿌리 ⇨ 임의로 제거

1. 건물의 사용을 목적으로 하는 **전세권에는 상린관계에 관한 규정이 준용되지 않는다.** (×)

2. 인접토지 소유자들은 공동비용으로 경계표나 담을 설치할 수 있는데, 이때 소요되는 **설치비용 및 측량비용은 쌍방이 절반씩 부담한다.** (×)

3. 인접지에 있는 수목의 **가지와 뿌리**가 경계를 넘은 경우에는 **임의로 제거할 수 있다.** (×)

> • 주위토지통행권
> ① 현재, 최소한 인정
> ② 분할, 일부양도 ⇨ 무상통행권 ⇨ 직접 당사자 간에만 적용

4. **기존의 통로가 있더라도** 당해 토지의 이용에 부적합하여 실제로 **통로로서 충분한 기능을 하지 못하고 있는 경우**에도 주위토지통행권이 **인정된다.**

5. ★ 주위토지통행권은 장래의 이용을 위하여 인정될 수 있으므로, 그 범위와 관련하여 **장래의 이용상황까지 미리 대비하여** 통행로를 정할 수 있다. (×)

6. 통행로가 정해진 후에도 주위토지의 **구체적 이용상황에 변동이 생긴 경우**에는, 통행지 소유자는 **다른 곳으로 옮겨 통행할 것을 요구할 수 있다.**

7. ★ 통행로를 정함에 있어서 **건축법에** 도로의 폭에 관한 제한규정이 있으면 이에 **따라 결정하여야 한다.** (×)

8. ★ 통행지소유자는 **통행권자**의 허락을 얻어 **사실상 통행하는 자**에게는 **손해보상을 청구할 수 없다.**

9. ★ **토지의 분할 및 일부양도**의 경우, **무상주위통행권**에 관한 민법의 규정은 포위된 토지 또는 피통행지의 **특정승계인에게 적용되지 않는다.**

10. **토지의 분할**로 주위토지통행권이 인정되는 경우, 통행권자는 분할당사자인 통행지 소유자의 **손해를 보상하여야 한다.** (×)

11. 토지분할로 인한 **무상통행권**은 피통행지 또는 통행지의 **특정승계인에게 승계된다.** (×)

> • 부동산에의 부합
> ① 건물, 농작물 ⇨ 토지에 부합 ×
> ② 수목 ⇨ 권원이 있으면 부합 ×, 권원이 없으면 부합 ○
> ③ 건물증축 ⇨ 독립성이 있으면 부합 ×, 독립성이 없으면 부합 ○

1. 토지 위에 건물이 신축 완공된 경우에 **건물은 토지에 부합하지 않는다.**

2. 적법한 권원 없이 타인의 토지에 경작한 성숙한 **배추의 소유권은 경작자에게 속한다.**

★
3. **토지임차인의 승낙만을 받아** 임차 토지에 **나무를 심은 사람은** 다른 약정이 없으면 **토지 소유자에 대하여 그 나무의 소유권을 주장할 수 없다.**

4. 토지의 **사용대차권에 기하여 식재된 수목은** 그 토지가 경매에 의하여 낙찰된 경우에도 그 **낙찰인에게 귀속되지 않는다.**

5. 乙이 **권원 없이** 甲소유의 **토지**에 **잣나무**를 식재한 후 잣을 수확한 경우, **甲은** 乙에게 **잣에 대한 소유물반환을 청구할 수 없다.** (×)

★
6. **건물임차인이** 권원에 기하여 **증축한 부분은** 구조상·이용상 독립성이 없더라도 임차인의 소유에 속한다. (×)

★
7. 건물의 **증축부분이** 기존건물에 **부합된 경우**, 기존건물에 대한 경매절차에서 **경매목적물로 평가되지 않았더라도 경락인은 증축부분의 소유권을 취득한다.**

8. 경매절차의 매수인이 증축부분의 소유권을 취득하기 위해서는 **부합된 증축부분이** 기존건물에 대한 경매절차에서 **경매목적물로 평가되어야 한다.** (×)

08 | 부동산소유권시효취득

> • 소유권점유취득시효 ⇨ 자주점유 ○, 무과실 불요

1. **타주점유자는** 자신이 점유하는 부동산에 대한 **소유권을 시효취득할 수 없다.**
2. **무과실은** 점유취득시효의 **요건이 아니다.**

> • 취득시효의 대상

3. 1필의 토지 **일부**에 대한 **점유취득시효는 인정될 여지가 없다.** (×)
4. **성명불상자의 소유물도** 시효취득의 대상이 **된다.**
5. ★ **집합건물의 공용부분은** 별도로 취득시효의 대상이 **될 수 있다.** (×)
6. 취득시효 **완성 당시**에는 **일반재산**이었으나 취득시효 **완성 후에 행정재산으로 변경**된 경우, 국가를 상대로 소유권이전**등기청구를 할 수 없다.**
7. **저당권은** 취득시효의 대상이 **될 수 없다.**

> • 기산점 선택

8. 취득시효기간 중 계속해서 **등기명의자가 동일한 경우**, 점유개시 후 **임의의 시점을** 시효기간의 **기산점으로 삼을 수 있다.**
9. ★ 취득시효기간이 중에 **등기명의인이 변동된 경우**, 취득시효기간의 **기산점을 임의로 선택할 수 없다.**

> • 완성당시 소유자 ⇨ 시효완성자 ⇨ 부당이득반환청구, 손해배상청구 ×

10. ★★ **시효완성 당시의 소유자는** 시효완성자가 등기를 마치지 않았다면 그에 대하여 점유로 인한 **부당이득반환청구를 할 수 있다.** (×)
11. ★★ **시효완성 당시의 소유자는** 시효완성자가 등기를 마치지 않았더라도 그에 대하여 불법점유임을 이유로 그 부동산의 **인도를 청구할 수 없다.**

> • 시효완성자 ⇨ **완성당시 소유자** ⇨ 등기청구권(채권적 청구권)

12. 등기부상 소유명의자가 진정한 소유자가 아니면 원칙적으로 **그를 상대로** 취득시효완성을 원인으로 소유권이전등기를 **청구할 수 없다.**

13. 시효완성 전에 등기명의인이 **바뀐 경우**에는 시효완성자는 **시효완성 당시의 등기명의인에게** 취득시효를 주장할 수 있다.

14. 시효완성 후에 등기명의인이 **변경되면** 등기원인이 시효완성 전에 존재하였더라도, 시효완성자는 **변경된 등기명의인에게 취득시효를 주장할 수 없다.**

15. 시효완성자는 완성 전에 이미 설정되어 있던 가등기에 기하여 **시효완성 후에** 소유권이전의 **본등기를 마친 자에게** 시효완성을 **주장할 수 있다.** (×)

16. 시효완성 후에 등기명의인이 **바뀐 경우**, 등기명의가 **바뀐 시점으로부터 다시** 시효기간이 **경과**하더라도 시효완성을 **주장할 수 없다.** (×)

17. 시효완성 후 등기 전에 소유자가 파산선고를 받은 때에는 점유자는 **파산관재인을 상대로** 취득시효를 이유로 소유권이전등기를 **청구할 수 없다.**

18. 시효완성자의 **시효이익의 포기는** 특별한 사정이 없는 한 **완성 당시의 소유자에게 하여야 그 효력이 있다.**

19. 시효완성자가 **완성당시 무효등기의 등기부상 소유명의자에게** 시효이익을 **포기한 경우**에도 시효이익 **포기의 효력이 발생한다.** (×)

20. 시효완성 후 소유자가 **명의신탁을 하여** 명의수탁자에서 소유권이전등기를 한 경우, 시효완성자는 특별한 사정이 없는 한 명의수탁자에게 **시효완성을 주장할 수 있다.**

21. 시효완성 후 **명의신탁 해지**를 원인으로 명의수탁자에서 명의신탁자로 소유권이전등기가 된 경우, 시효완성자는 특별한 사정이 없는 한 명의신탁자에게 **시효완성을 주장할 수 없다.**

> • 점유를 중단 ⇨ 점유취득시효 중단

22. 부동산에 대한 **압류** 또는 **가압류는 점유취득시효를 중단시킨다.** (×)

- 법률규정에 의한 채권관계 ○ ⇨ 채무불이행책임 ×, 불법행위책임 ○

23. 시효완성으로 인한 소유권이전등기청구권이 발생하면 부동산소유자와 시효완성자 사이에 **계약상의 채권관계**가 성립한 것으로 본다. (×)

24. 시효완성 후 소유자가 부동산을 처분하면 시효완성자에 대하여 **채무불이행책임을 진다.** (×)

25. 시효완성을 **알고 있는 소유자**가 부동산을 제3자에게 **처분한 경우**, 그 소유자는 시효완성자에게 **불법행위로 인한 손해배상책임을 진다.**

- 소유권취득의 효과 ⇨ 점유를 개시한 때로 소급 ⇨ 제3자 보호 ○

26. 시효완성을 이유로 한 **소유권취득의 효력은** 점유를 개시한 때로 **소급하지 않으며** 등기를 함으로써 **장래를 향하여 발생한다.** (×)

27. **시효완성 후** 그로 인한 등기 전에 **소유자가 저당권을 설정한 경우**, 시효완성자는 등기를 함으로써 **저당권의 부담이 있는 소유권을 취득한다.**

28. **시효완성 후** 등기 전에 **소유자가 저당권을 설정**하였고, 등기를 마친 **시효완성자가 피담보채무를 변제한 경우**, 소유자에게 **부당이득반환을 청구할 수 있다.** (×)

- 등기부취득시효
① 무효등기도 가능 ⇨ 이중보존등기에 해당하여 무효인 등기 ×
② 선의 무과실의 점유 ⇨ 선의는 추정 ○, 무과실은 추정 ×

29. 소유권등기가 **무효**인 경우에도 등기부취득시효는 **가능하다.**

30. **이중보존등기에 해당하여 무효**인 등기에 기해서는 등기부취득시효가 **불가능하다.**

31. 등기부취득시효에서 점유자의 **무과실**은 시효완성을 **주장하는 자가 입증하여야 한다.**

32. 등기부취득시효에서 점유자의 **무과실은 전 시효기간을 통하여 인정되어야 하는 것은 아니다.**

> 핵심 사례 •

07 甲이 20년간 소유의 의사로 평온, 공연하게 乙소유의 X토지를 점유한 경우에 관한 설명으로 옳은 것을 모두 고른 것은?

> ㄱ. X토지가 미등기 상태라면 甲은 **등기 없이도** X토지의 소유권을 **취득한다**.
> ㄴ. 乙은 甲에 대하여 점유로 인한 **부당이득반환청구를 할 수 있다**.
> ㄷ. 乙이 丙에게 X토지를 **명의신탁을 하여** 丙 앞으로 이전등기를 한 경우, 甲은 **시효완성을 이유로 乙을 대위하여 丙에게 등기말소를 청구할 수 있다**.

① ㄱ ② ㄷ ③ ㄱ, ㄴ
④ ㄴ, ㄷ ⑤ ㄱ, ㄴ, ㄷ

08 乙은 甲소유의 토지를 20년간 소유의 의사로 평온·공연하게 점유하였음을 이유로 甲에게 소유권이전등기를 청구할 수 있게 되었다. 다음 설명 중 옳은 것은?

① 乙이 **점유를 상실하면** 乙의 **등기청구권은 즉시 소멸한다**.
② 乙은 甲의 동의 없이 시효완성으로 발생한 **등기청구권을 丙에게 양도할 수 없다**.
③ 甲이 丙에게 토지를 **매도하여** 이전등기를 경료해 준 후 甲이 **다시 소유권을 취득한 경우**, 乙은 甲에게 **시효완성을 주장할 수 없다**.
④ 토지가 수용된 경우, **수용 전에** 乙이 甲에게 **등기청구권을 행사하지 않았더라도** 乙은 甲에게 **대상청구권을 행사할 수 있다**.
⑤ 만약 丙이 甲에게 명의신탁한 토지여서 乙의 시효가 완성된 후에 丙이 **명의신탁 해지를** 원인으로 丙 앞으로 이전등기를 했다면, 乙은 丙에게 **시효완성을 주장할 수 없다**.

09 | 공동소유

> • 공유지분
> ① 지분 처분 ⇨ 자유
> ② 공유자가 지분포기, 상속인 없이 사망 ⇨ 다른 공유자에게 귀속

★
1. 공유자는 다른 공유자의 동의 없이 자신의 **지분을 처분할 수 없다.** (×)

2. 공유자가 상속인 없이 사망한 때에는 그 지분은 **국가에 귀속한다.** (×)

3. 공유자 1인이 **포기한 지분은 다른 공유자에게 각 지분의 비율로 귀속한다.**

★
4. 부동산 공유자의 지분 **포기의 의사표시가** 다른 공유자에게 **도달하면** 이로써 곧바로 포기에 따른 **물권변동의 효력이 발생한다.** (×)

5. **공유자는** 자신의 지분에 관하여 **단독으로** 제3자의 취득시효를 **중단시킬 수 없다.** (×)

6. 공유자 중 1인은 **다른 공유자의 지분권을** 대외적으로 **주장할 수 없다.**

> • 제3자가 불법점유
> ① 보존행위 ⇨ 공유자 1인 ⇨ 공유물 전부에 행사 ○
> ② 손해배상금, 부당이득금 청구 ⇨ 자기 지분만 청구 ○

★★
7. 제3자가 공유물을 **불법점유**하는 경우, **공유자는** 단독으로 공유물 **전부의 반환을 청구할 수 있다.**

★★
8. 공유물을 손괴한 자에 대하여 **공유자 중 1인은** 특별한 사유가 없는 한 공유물에 발생한 **손해의 전부를 청구할 수 있다.** (×)

9. 공유물 무단점유자에 대한 차임 상당 **부당이득반환청구권은** 특별한 사정이 없는 한 **각 공유자에게 지분 비율만큼 귀속된다.**

> • 공유물에 대하여 제3자 명의로 무효등기 ⇨ 전부말소청구 ○

★★
10. 공유물에 대하여 제3자 명의로 원인무효의 등기가 이루어진 경우, **공유자 1인은 보존행위로** 등기 전부의 말소를 청구할 수 있다.

11. 공유토지에 대해 **공유자 중 1인의 단독명의로 소유권등기가 된 경우**, 다른 공유자는 **등기 전부의 말소를 청구할 수 있다.** (×)

12. 공유자 중 1인이 다른 공유자의 동의 없이 **제3자에게 공유물을 처분한 경우**, 다른 공유자는 제3자에게 **등기 전부의 말소를 청구할 수 없다.**

• 과반수지분권자가 배타적 점유 ⇨ 적법한 관리행위

★★
13. 과반수지분권자가 단독으로 공유토지를 **배타적으로 점유**하는 경우, 소수지분권자는 공유토지의 **반환이나 방해배제를 청구할 수 없다.**

• 소수지분권자가 배타적 점유 ⇨ 다른 소수지분권자 ⇨ 반환청구 ×

★★
14. 소수지분권자는 공유물을 협의 없이 점유하는 다른 소수지분권자에게 공유물의 **인도를 청구할 수 있다.** (×)

★
15. 소수지분권자는 공유물을 협의 없이 점유하는 다른 소수지분권자에게 **방해제거를 청구할 수 있다.**

• 과반수지분권자가 임대차(사용허락)한 경우

★★
16. 공유물의 **과반수지분권자로부터** 사용·수익을 **허락받은 점유자에 대하여** 소수지분권자는 공유물에 대한 **점유배제를 청구할 수 없다.**

★★
17. 과반수지분권자로부터 공유물의 사용·수익을 **허락받은 제3자는** 소수지분권자에 대해 점유로 인하여 **부당이득을 얻은 것으로 볼 수 있다.** (×)

18. **과반수지분권자가** 단독으로 공유토지를 **임대한 경우**, 소수지분권자는 과반수지분권자에게 **부당이득반환을 청구할 수 있다.**

- 관리에 관한 특약

19. 공유자간의 공유물에 대한 **관리에 관한 특약**은 공유지분권의 **본질적 부분을 침해하지 않는 경우**라면 공유자의 **특정승계인에 대하여도 당연히 승계**된다.

20. 지분권자로서의 **사용권**을 사실상 **포기**하는 공유자 사이의 특약은 그 사실을 **알지 못하고 공유지분을 취득한 특정승계인에게 승계되지 않는다.**

- 공유물 처분행위 ⇨ 전원 동의

★
21. 공유토지에 **건물을 신축**하기 위해서는 공유자 **전원의 동의**가 있어야 한다.

★
22. **과반수지분권자**는 공유토지에 대한 관리방법으로 **건물을 신축할 수 있다.** (×)

- 계약은 유효

★
23. 공유자 1인이 다른 공유자의 동의 없이 공유물 전부를 제3자에게 매도한 경우, 그 **매매계약은 유효하다.**

★
24. 소수지분권자가 단독으로 공유물을 제3자에게 임대한 경우, 그 **임대차계약은 무효이다.** (×)

- 공유물분할
① 5년 내 공유물분할금지특약 ○ ⇨ 5년 내 갱신 ○
② 공유물분할금지특약 ⇨ 등기 ○ ⇨ 대항 ○
③ 협의분할 ⇨ 등기를 해야 분할의 효과 발생
④ **협의가 성립 × ⇨ 재판상 분할** ⇨ 현물분할이 원칙
⑤ 협의분할, 재판상 분할 ⇨ 반드시 공유자 전원이 참가

25. 공유자는 **5년** 범위 내에서 **공유물분할금지특약**을 할 수 있으며, 특약을 **갱신할 수 있다.**

26. 공유물분할금지**특약**은 등기 없이도 공유지분의 특정승계인에게 **대항할 수 있다.** (×)

★
27. 공유물분할의 조정절차에서 공유자 사이에 현물분할의 **협의가 성립하여 조정조서가 작성**된 때에는 그 **즉시 공유관계가 소멸한다.** (×)

★★
28. **공유물분할협의가 성립한 후에** 공유자 일부가 분할에 따른 이전등기에 협력하지 않으면, **재판상 분할을 청구할 수 있다.** (×)

29. 재판에 의하여 공유물을 분할하는 경우에는 **대금분할이 원칙**이다. (×)

30. 공유자 **전원이** 분할절차에 **참가하지 않은 공유물분할은 무효**이다.

31. 공유물분할청구의 소에서 **법원은** 원칙적으로 공유물분할을 청구하는 원고가 구하는 방법에 구애받지 않고 **재량에 따라** 합리적 방법으로 **분할을 명할 수 있다.**

32. 공유자는 다른 공유자가 분할로 인하여 취득한 물건에 대하여 그 지분의 비율로 매도인과 동일한 **담보책임이 있다.**

- 지분 위에 설정된 저당권 ⇨ 공유물 전부에 효력 ○

★
33. 공유자 중 1인의 **지분 위에 설정된 저당권은** 특별한 사정이 없는 한 공유물분할로 인하여 **저당권설정자 앞으로 분할된 부분에 집중된다.** (×)

33-1. 공유자 중 1인의 **지분 위에 설정된 근저당권은** 공유물분할이 되어도 특단의 합의가 없는 한 **공유물 전부에 관하여 종전의 지분대로 존속한다.**

- 합 유
① 합유지분 처분 ⇨ 전원 동의
② 합유지분 ⇨ 상속 ×

★
34. 합유자는 자신의 **지분을** 합유자 **전원의 동의 없이 처분할 수 없다.**

★
35. 부동산의 **합유자가 사망**한 경우에는 그 **상속인이 합유자로서의 지위를 승계한다.** (×)

★
36. 부동산의 **합유자 중 일부가 사망**한 경우, 합유자 사이에 특별한 약정이 없는 한 해당 부동산은 잔존 합유자가 2인 이상일 때에는 **잔존 합유자의 합유로 귀속된다.**

37. 합유물의 **보존행위는 각자가 할 수 있다.**

37-1. **합유물**에 관하여 경료된 원인 **무효의 소유권이전등기의 말소를 구하는 소는 합유자 각자가 제기할 수 없다.** (×)

• 총유 ⇨ 총유물의 보존행위 ⇨ 총회의 결의

★
38. **총유물**에 대한 **보존행위**는 구성원 각자가 단독으로 할 수 없고, 특별한 사정이 없는 한 **사원총회의 결의를 거쳐야 한다.**

38-1. **총유물에 대한 보존행위**는 달리 정함이 없는 한 비법인사단을 구성하는 **각 사원이 할 수 있다.** (×)

핵심 사례

09 甲, 乙, 丙은 X토지를 각 1/2, 1/4, 1/4의 지분으로 공유하고 있다. 이에 관한 설명으로 옳은 것은? (다툼이 있으면 판례에 따름)

① 甲은 **단독으로** X토지를 제3자에게 **임대할 수 있다.**
② 甲과 乙은 X토지에 대한 관리방법으로 X토지에 **건물을 신축할 수 있다.**
③ 乙이 X토지에 대한 자신의 **지분을 포기한 경우**, 乙의 지분은 甲, 丙에게 **균등한 비율로 귀속된다.**
④ X토지에 관하여 丁 **명의로 원인무효의 등기**가 이루어진 경우, 丙은 보존행위로 그 등기 전부의 말소를 **청구할 수 없다.**
⑤ 丙이 甲, 乙과의 협의 없이 X토지를 **배타적으로 점유**하고 있는 경우, 乙은 공유물에 대한 보존행위로 X토지의 **인도를 청구할 수 없다.**

10 甲, 乙, 丙은 X토지를 각각 7분의 1, 7분의 2, 7분의 4의 지분으로 공유하고 있다. 이에 관한 설명으로 틀린 것은?

① 丁이 X토지를 **불법점유**하는 경우, 甲은 **단독으로** X토지 **전부에 대하여 반환을 청구할 수 있다.**
② 丁이 X토지를 **불법점유**하는 경우, 甲은 **단독으로** 丁에게 X토지 **전부에 해당하는 손해배상을 청구할 수 없다.**
③ 丙이 단독으로 X토지 전부를 丁에게 **임대한 경우**, 甲은 丁에게 차임 상당액의 7분의 1을 부당이득으로 반환할 것을 **청구할 수 있다.**
④ 乙이 단독으로 丁에게 **임대한 경우**, 임대차**계약은 유효**이다.
⑤ **丙의 지분 위에 근저당권이 설정된 후** X토지가 지분에 따라 **분할된 경우**, 특별한 합의가 없는 한 그 근저당권은 丙에게 분할된 부분에 **집중되는 것은 아니다.**

10 | 지상권

> • 지료 ⇨ 지상권의 성립요소 × ⇨ 무상 가능

★
1. **지료**의 지급은 지상권의 **성립요소이다.** (×)

2. 지상권설정계약에서 **지료지급에 대한 약정이 없더라도** 지상권의 성립에는 영향이 없다.

> • 지상권과 지상물 ⇨ 부종성 × ⇨ 분리 처분 ○

★
3. 지상권설정의 목적이 된 **건물이 전부 멸실하면 지상권은 소멸한다.** (×)

★★
4. 지상권자는 지상물의 소유권과 분리하여 **지상권만 양도할 수 있다.**

> • 지상권 양도 자유 ⇨ 지상권 양도금지특약 ⇨ 무효

★★
5. 지상권자는 토지소유자의 의사에 반하여 **지상권을 양도할 수 없다.** (×)

6. 지상권자는 지상권설정자의 **동의 없이도** 토지를 타인에게 **임대할 수 있다.**

7. **지상권 양도금지특약은** 지상권자에게 불리하므로 그 **효력이 없다.**

> • 소유자가 변경 ⇨ 지료연체의 효과 승계 ×

★★
8. 지상권의 **지료지급 연체가** 토지소유권의 **양도 전후에 걸쳐 이루어진 경우,** 토지양수인에 대한 연체기간이 2년 이상이면 토지양수인은 지상권의 소멸을 청구할 수 있다.

★★
9. **지료체납 중** 토지소유권이 **양도된 경우, 양도 전·후를 통산하여 2년에 이르면** 지상권 소멸청구를 할 수 있다. (×)

★★
10. 지상권의 지료가 1년 연체된 상태에서 **토지가 제3자에게 양도되고 다시 그 지료가 1년 6개월 연체된 경우,** 토지의 새로운 소유자는 지상권의 **소멸을 청구할 수 있다.** (×)

- 채권의 담보를 위하여 지료 없는 지상권을 설정한 경우
① 제3자가 건물을 신축한 경우 ⇨ 건물철거청구 ○, 손해배상청구 ×
② 채권 소멸 ⇨ 저당권 소멸 ⇨ 지상권 소멸

11. 금융기관이 토지에 저당권과 함께 **지료 없는 지상권을 설정** 받으면서 채무자의 사용수익권을 배제하지 않은 경우, 금융기관은 그 토지의 **무단점유자에 대해** 지상권침해를 근거로 임료 상당의 **손해배상을 청구할 수 있다.** (×)

12. 저당권설정자가 **담보가치의 하락을 막기 위해** 저당권자에게 **지상권을 설정**해 준 경우, 피담보**채권이 소멸하면 그 지상권도 소멸한다.**

- 지상물매수청구권
① 지상권자 ⇨ 존속기간 만료, 현존 ⇨ 갱신청구 ⇨ 거절 ⇨ 매수청구
② 지료연체 ⇨ 지상권 소멸 ⇨ 지상권자는 매수청구 ×
③ 지상권설정자가 매수청구 ⇨ 지상권자는 정당한 이유 없이 거절 ×

13. 기간만료로 지상권이 **소멸**한 경우, 지상권자는 **지상물매수청구를 하기 위해서** 지상권설정자에게 **갱신청구를 먼저 하여야 한다.**

14. 지상권자는 존속기간이 만료한 때에 지상물이 현존하는 경우, 지상권설정자에 대해 **선택적으로** 지상권의 **갱신청구 또는** 지상물의 **매수청구를 할 수 있다.** (×)

15. 지료연체를 이유로 한 지상권소멸청구에 의해 지상권이 **소멸**하더라도 지상권자의 지상물**매수청구권은 인정된다.** (×)

16. 지상권이 소멸한 경우에 **지상권설정자가** 상당한 가액을 제공하여 **지상물매수를 청구한 때에는** 지상권자는 정당한 이유 없이 이를 **거절하지 못한다.**

- 존속기간 약정 × ⇨ 최단기간

17. 수목의 소유를 목적으로 한 지상권의 최단존속기간은 30년이다.

18. 지상권의 **존속기간을 정하지 않은 경우**, 지상권설정자는 **언제든지 지상권소멸을 청구할 수 있다.** (×)

- 기존의 건물을 사용할 목적 ⇨ 최단기간 적용 ×

19. **기존의 건물을 사용할 목적**으로 지상권을 설정한 경우에는 **최단기간**에 관한 규정은 **적용되지 않는다.**

- 2년 이상 지료연체 ⇨ 소멸청구 ⇨ 편면적 강행규정

20. 지상권자가 **2년 이상**의 지료를 지급하지 않으면 지상권설정자는 **소멸청구를 할 수 있으나**, 당사자의 **약정으로 그 기간을 단축할 수 있다.** (×)

- 구분지상권 ⇨ 공간 ⇨ 수목 ×

21. **구분지상권**은 **건물 기타 공작물의 소유를 위해 설정할 수 있다.**
22. **구분지상권**은 건물 기타 공작물 및 **수목**의 소유를 위해 설정할 수 **있다.** (×)

- 분묘기지권을 취득한 경우 ⇨ 지료지급의무 발생시기

23. 토지소유자의 **승낙을 얻어** 분묘를 설치함으로써 분묘기지권을 **취득한 경우**, 설치할 당시 토지소유자와의 **합의에 의하여 정한 지료지급의무는 그 토지의 승계인에게도 미친다.**

24. 「장사 등에 관한 법률」 시행 **이전에 설치된 분묘**에 관한 분묘기지권의 시효취득은 법적 규범으로 유지되고 있다.

★
25. 분묘기지권을 **시효로 취득**한 경우, 분묘기지권자는 토지소유자가 분묘기지에 관한 지료를 청구하면 그 **청구한 날부터 지료를 지급할 의무가 있다.**

★
26. 자기 소유 토지에 분묘를 설치한 사람이 그 **토지를 양도하면서** 분묘를 이장하겠다는 특약을 하지 않음으로써 **분묘기지권을 취득한 경우**, 특별한 사정이 없는 한 분묘기지권자는 **분묘기지권이 성립한 때부터** 토지소유자에게 **지료를 지급할 의무가 있다.**

11 | 법정지상권

- 전세권 ⇨ 전세권설정자 ○, 전세권자 ×

1. 대지와 건물을 소유한 자가 **건물에 대해서만 전세권을 설정한 후** 대지를 제3자에게 양도한 경우, 제3자는 **전세권설정자에 대하여** 대지에 대한 **지상권을 설정한 것으로 본다.**

2. 대지와 건물을 소유한 자가 건물에 대해서만 전세권을 설정한 후 대지를 제3자에게 양도한 경우, 제3자는 **전세권자에 대하여** 대지에 대한 지상권을 설정한 것으로 본다. (×)

- **저당물의 경매** ⇨ **설정당시 동일인 소유** ⇨ **공동저당 후 신축** ×

3. ★ 토지에 관한 저당권설정 당시 해당 토지에 일시사용을 위한 **가설건축물**이 존재하였던 경우, **법정지상권은 성립하지 않는다.**

4. ★★ **나대지**에 1번 저당권을 설정한 후 건물이 신축되었고 그 후에 설정된 2번 저당권이 실행된 경우, **법정지상권은 발생할 수 없다.**

5. ★★ **토지에 저당권이 설정된 후에** 저당권자의 동의를 얻어 건물이 **신축된 경우라도 법정지상권이 성립한다.** (×)

6. ★★ 甲소유의 토지 및 그 지상건물에 乙이 **공동저당권을 취득한 후** 甲이 건물을 철거하고 그 토지에 건물을 **신축한 경우**, 특별한 사정이 없는 한 저당권의 실행으로 토지와 신축 건물의 소유자가 다르게 되면 신축 건물을 위한 **법정지상권이 발생한다.** (×)

7. 甲소유의 토지에 설정된 저당권이 실행된 경우, **저당권설정 전부터 乙이 건물을 소유**하고 있었다면 乙은 **법정지상권을 취득하지 못한다.**

8. ★★ 토지에 저당권이 설정될 당시 그 지상에 건물이 **토지소유자에 의하여 건축 중이었던 경우에도**, 저당권이 실행되면 **법정지상권이 발생한다.**

9. ★★ 건물이 **무허가 미등기 건물**인 경우에는 법정지상권은 **발생할 수 없다.** (×)

10. 乙 소유의 토지 위에 甲과 乙이 건물을 공유하면서 **토지에만 저당권을 설정**하였다가, 토지경매로 丙이 토지소유권을 취득한 경우에는 **법정지상권은 발생하지 않는다.** (×)

11. 토지에 저당권을 설정할 당시 동일인 소유의 건물이 존재하고 있다가 그 후 저당권의 실행으로 토지가 낙찰되기 전에 건물이 제3자에게 양도된 경우, 건물을 양수한 제3자는 **법정지상권을 취득한다.**

12. 동일인소유의 건물이 있는 토지에만 저당권을 설정한 후 그 건물을 철거하고 다시 신축한 **때**에도 저당권의 실행으로 토지와 건물의 소유자가 달라지게 되면 **법정지상권이 발생한다.**

> • 일괄매매 ⇨ 법정지상권 ×, 관습법상 법정지상권 ×

★★
13. 미등기건물을 그 대지와 **함께 매수**한 사람이 그 대지에 관하여만 소유권이전등기를 넘겨받고 건물에 대하여는 그 등기를 이전받지 못하고 있다가 대지에 설정된 저당권의 실행으로 대지가 경매되어 다른 사람의 소유로 된 경우에는 **법정지상권이 성립될 여지가 없다.**

★★
14. 乙이 甲으로부터 **甲소유 토지와 건물을 매수**하여 토지에 대해서만 이전등기를 받은 후 토지에 설정된 저당권이 실행되어 토지와 건물의 소유자가 다르게 된 경우, 乙은 **법정지상권을 취득한다.** (×)

> • 법정지상권 ⇨ 배제특약 ×
> • 관습법상 법정지상권 ⇨ 배제특약 ○

★
15. 저당목적물인 토지에 대하여 **법정지상권을 배제하는** 저당권설정 당사자 사이의 **약정은 효력이 없다.**

★
16. 대지상의 건물만을 매수하면서 **대지에 관한 임대차계약을 체결하였다면** 관습법상의 법정지상권을 **포기하였다고 본다.**

★
17. 토지와 건물의 소유자가 토지만을 타인에게 증여한 후 **구 건물을 철거하고 다시 신축하기로 합의한 경우**, 관습법상 법정지상권을 **포기한 것으로 볼 수 없다.**

• **강제경매** ⇨ 동일인 소유 판단기준 ⇨ **매각대금 완납시** ×

18. 가압류 후 본압류 및 **강제경매**가 된 경우, '토지와 건물이 동일인 소유'인지 여부는 **매각대금의 완납시를 기준으로 한다.** (×)

19. 가압류 후 본압류 및 **강제경매**가 된 경우, '토지와 건물이 동일인 소유'인지 여부는 **가압류의 효력 발생시를 기준으로 한다.**

20. 토지에 대한 **강제경매**를 위한 압류 전에 저당권이 설정되어 있는 경우, '토지와 건물이 동일인 소유'인지 여부는 **저당권 설정당시를 기준으로 한다.**

• 법정지상권이 발생한 경우 ① 등기 없이도 발생 ○ ② 건물과 법정지상권 ⇨ **각각 분리 처분** ○ ③ 법정지상권자 ⇨ 등기 × ⇨ 주장 ○ ④ 건물양수인 ⇨ 등기 ○ ⇨ 주장 ○ ⑤ **건물철거청구** × ⑥ **지료결정** × ⇨ **소멸청구** × ⑦ **지료결정** ○ ⇨ **소멸청구** ○

21. 법정지상권자는 건물과 법정지상권을 **각각 분리하여 처분할 수 있다.**

22. **법정지상권자는** 그에 관한 **등기 없이도** 토지소유권을 취득한 선의의 제3자에게 **지상권을 주장할 수 있다.**

23. 법정지상권이 발생한 건물이 양도된 경우, **건물양수인은** 지상권 **등기 없이도** 토지소유자에게 **직접 지상권을 주장할 수 있다.** (×)

24. 법정지상권이 발생한 건물이 양도된 경우, **지상권 등기가 없더라도** 토지소유자는 건물양수인에게 **건물철거를 청구할 수는 없다.**

25. 법정지상권의 **지료를 정한 바가 없다면** 지료연체를 이유로 한 **소멸청구를 할 수 없다.**

26. 법정지상권의 **지료가 판결에 의하여 정해진 경우**, 지체된 지료가 판결확정의 전후에 걸쳐 2년분 이상일 경우, 토지소유자는 **소멸청구를 할 수 있다.**

> • 공유토지와 관습법상 법정지상권
> ① 지분의 과반수 동의로 신축 ⇨ 발생 ×
> ② 지분만 양도 ⇨ 발생 ×
> ③ **공유지분할** ⇨ **발생** ○

27. 토지공유자의 한 사람이 다른 공유자의 **지분의 과반수의 동의를 얻어** 건물을 건축한 후 토지와 건물의 소유자가 달라진 경우, **관습법상 법정지상권이 발생할 수 없다.**

28. 甲, 乙, 丙이 같은 지분으로 **공유**하고 있는 **대지** 위에 **甲이 乙의 동의를 얻어 건물을 신축한 후** 丙이 공유물분할을 위한 경매에서 대지 전부의 소유권을 취득한 경우, **甲은 관습법상 법정지상권을 취득할 수 없다.**

29. 공유토지 위에 신축한 건물을 단독 소유하던 토지공유자 1인이 자신의 **토지지분만을 양도**하여 건물과 토지의 소유자가 달라진 경우, **관습법상 법정지상권이 발생할 수 없다.**

30. 공유지 상에 공유자의 1인이 건물을 소유하고 있는 경우, **공유지의 분할**로 그 대지와 지상건물이 소유자를 달리하게 될 때에는 다른 특별한 사정이 없는 한 건물소유자는 **관습법상 법정지상권을 취득한다.**

> 핵심 사례 •

11 乙은 甲소유의 나대지에 저당권을 설정하면서 담보가치의 하락을 막기 위해 무상의 지상권도 함께 설정하였다. 다음 설명 중 옳은 것을 모두 고른 것은?

> ㄱ. 丙이 토지에 무단으로 건물을 신축한 경우, 지상권자 乙은 丙에게 **건물철거를 청구할 수 있다.**
> ㄴ. 토지를 丙이 불법점유하고 있는 경우, 乙은 지상권 침해를 이유로 丙에게 임료 상당의 **손해배상을 청구할 수 있다.**
> ㄷ. 乙의 **채권이** 변제로 **소멸**하더라도 **지상권은 소멸하지 않는다.**

① ㄱ   ② ㄴ   ③ ㄷ
④ ㄱ, ㄴ   ⑤ ㄱ, ㄴ, ㄷ

12 甲은 X토지와 그 지상에 Y건물을 소유하고 있으며, 그 중에서 Y건물을 乙에게 매도하고 乙명의로 소유권이전등기를 마쳐주었다. 그 후 丙은 乙의 채권자가 신청한 강제경매에 의해 Y건물의 소유권을 취득하였다. 乙과 丙의 각 소유권취득에는 건물을 철거한다는 등의 조건이 없다. 이에 관한 설명으로 틀린 것은?

① 丙은 **등기 없이** 甲에게 관습법상 **법정지상권을 주장할 수 있다.**
② 甲은 丙에 대하여 Y건물의 **철거** 및 X토지의 인도를 청구할 수 **없다.**
③ 丙은 건물과 법정지상권을 각각 **분리하여 처분할 수 있다.**
④ 甲은 법정지상권에 관한 **지료가 결정되지 않았더라도** 乙이나 丙의 2년 이상의 지료 지급지체를 이유로 지상권**소멸을 청구할 수 있다.**
⑤ 만일 丙이 관습법상 법정지상권을 **등기하지 않고** Y건물만을 丁에게 **양도**한 경우, 丁은 甲에게 관습법상 **법정지상권을 주장할 수 없다.**

12 | 지역권

> • 지역권 ⇨ 배타적 점유 × ⇨ 지역권에 기한 반환청구 ×

★
1. **지역권자에게** 방해제거청구권은 인정되지만, **반환청구권은 인정되지 않는다.**

2. 소유권에 기한 **소유물반환청구권에** 관한 규정은 **지역권에 준용된다.** (×)

> • 지역권 시효취득
> ① 계속되고 표현된 경우에 한하여 가능
> ② 통로개설 ○ ⇨ 통행지역권 시효취득 가능
> ③ 통행지역권을 시효취득 ⇨ 승역지 소유자에게 손해 보상 ○
> ④ 불법점유자 ⇨ 시효취득 ×

★
3. 일정한 장소를 오랜 시일 통행한 사실이 있다면 **통로 개설이 없더라도** 지역권을 **시효취득할 수 있다.** (×)

4. **통행지역권을 주장하는** 사람은 통행으로 편익을 얻는 **요역지가 있음을 주장·증명하여야 한다.**

★★
5. **통행지역권을 시효취득하였다면**, 특별한 사정이 없는 한 요역지 소유자는 도로설치로 인해 **승역지 소유자가 입은 손실을 보상하지 않아도 된다.** (×)

★
6. 요역지의 **불법점유자는** 지역권을 **시효취득할 수 없다.**

> • 요역지 ⇨ 반드시 1필, 승역지 ⇨ 반드시 1필 ×

★★
7. **요역지는** 한 필의 **토지 전부**여야 하나, **승역지는** 한 필의 **토지의 일부일 수 있다.**

★★
8. 토지의 **일부를 위하여** 지역권을 설정할 수 **있다.** (×)

★★
9. 토지의 **일부 위에** 지역권을 설정할 수 **있다.**

> • 지역권의 부종성, 수반성
> ① 요역지소유권 이전 ⇨ 지역권 이전
> ② 요역지와 분리 ⇨ 지역권만을 양도 ×, 저당권의 목적 ×
> ③ 요역지의 지상권자, 전세권자 ⇨ 지역권 행사 ○

★
10. **요역지의 소유권이 양도**되면 **지역권**은 원칙적으로 **이전되지 않는다.** (×)

★★
11. 요역지와 **분리**하여 지역권만을 양도할 수 **없다**.

★★
12. 지역권은 요역지와 **분리**하여 저당권의 목적이 될 수 **있다.** (×)

13. **요역지의 전세권자**는 특별한 사정이 없으면 **지역권을 행사할 수 있다.**

14. **지상권자**는 인접한 토지에 **통행지역권을 시효취득할 수 없다.** (×)

> • 지역권의 불가분성
> ① 유리한 경우 ⇨ 1인에게 생긴 사유 ⇨ 효력 ○
> ② 불리한 경우 ⇨ 전원에게 생긴 사유 ⇨ 효력 ○

★★
15. 요역지의 **공유자 1인**이 지역권을 **취득**한 때에는 **다른 공유자도** 이를 **취득**한다.

★★
16. 요역지의 **공유자 1인**은 그 토지 지분에 관한 **지역권을 소멸시킬 수 없다.**

17. **요역지 공유자 중 1인**은 자신의 지분만에 대해서 **지역권을 소멸시킬 수 있다.** (×)

★
18. 요역지 공유자 중 1인에 대한 지역권 **소멸시효의 정지**는 다른 공유자를 위하여도 그 **효력이 있다.**

19. 요역지의 공유자 중 1인에 의한 지역권 **소멸시효의 중단**은 다른 공유자에게는 **효력이 없다.** (×)

★
20. 지역권의 **취득시효 중단**은 지역권을 행사하는 **모든 공유자에 대한 사유가 아니면 효력이 없다.**

21. 요역지가 수인의 공유인 경우, 그 **1인**에 대한 지역권 **취득시효의 중단**은 시효중단의 **효력이 있다.** (×)

13 | 전세권

- 전세권 ⇨ 용익물권적 성질과 담보물권적 성질

1. 당사자가 주로 **채권담보의 목적을 갖는 전세권을 설정**하였더라도 장차 전세권자의 목적물에 대한 **사용수익권을 완전히 배제하는 것이 아니라면** 그 **효력은 인정된다**.

2. 전세목적물의 **인도는** 전세권의 **성립요건이 아니다**.

★
3. 전세권의 **존속기간이** 시작되기 **전에 마친 전세권설정등기는** 특별한 사정이 없는 한 **무효로 추정된다**. (×)

★
4. 전세권 설정계약의 당사자는 전세권의 **사용·수익권을 배제하고 채권담보만을 위한 전세권을 설정할 수 있다**. (×)

★
5. 전세권이 갱신 없이 그 **존속기간이 만료되면** 전세권의 **용익물권적 권능은** 전세권설정등기의 **말소 없이도** 당연히 **소멸한다**.

- 전세금 ⇨ 기존의 채권으로 갈음 ○

6. 전세권설정시 **전세금지급은** 전세권의 **성립요소이다**.

★★
7. 전세금의 지급이 전세권의 성립요소이기는 하지만, **기존의 채권으로 전세금의 지급에 갈음할 수 있다**.

8. 전세금은 현실적으로 수수되어야 하므로 **임차보증금채권으로 전세금의 지급에 갈음할 수 없다**. (×)

- 소유자가 변경 ⇨ 전세금반환의무자는 신소유자

★★
9. 전세권 존속 중 **전세목적물이 양도**된 경우, **새로운 소유자가 전세금반환의무를 진다**.

10. 전세권이 성립한 후 전세목적물의 **소유권이 이전**된 경우, **구(舊) 소유자는** 전세권이 소멸하는 때에 전세권자에 대하여 **전세금반환의무를 부담한다**. (×)

> • 유지수선의무 ⇨ 전세권자 ⇨ 필요비청구 ×

11. 전세권자가 통상의 **필요비를 지출한 경우** 그 비용의 상환을 **청구하지 못한다.**

12. **전세권자는 필요비** 및 유익비의 상환을 청구할 수 **있다.** (×)

13. **전세권설정자는** 특약이 없는 한 목적물의 현상을 **유지하고 수선을 해야 한다.** (×)

> • 최장기간 ⇨ 10년

14. 전세권의 존속기간을 15년으로 약정한 경우, 그 존속기간은 **10년으로 단축된다.**

15. 전세권의 존속기간이 만료된 경우, 10년을 넘지 않는 기간으로 전세권을 **갱신할 수 있다.**

> • 존속기간을 약정하지 않은 경우 ⇨ 언제든지 소멸통고 ○

16. 전세권의 **존속기간을 약정하지 않은 경우**, 각 당사자는 **언제든지** 전세권의 **소멸을 통고할 수 있다.**

> • 건물전세권 적용 ○, 토지전세권 적용 ×
> ① 최단기간(1년)
> ② 법정갱신 ⇨ 기간약정 × ⇨ 등기 없이도 효력 ○

17. **건물전세권**의 존속기간을 1년 미만으로 정한 때에는 이를 **1년으로 한다.**

18. **토지전세권**의 **최단존속기간**은 1년이다. (×)

19. **토지전세권은 법정갱신이 인정되지 않는다.**

20. 건물전세권이 **법정갱신**된 경우, 그 **존속기간은 1년으로 본다.** (×)

21. 건물전세권이 **법정갱신**된 경우, 전세권자는 **등기 없이도** 전세목적물을 취득한 제3자에 대하여 전세권을 **주장할 수 있다.**

- 전세권 양도 자유
① 소유자 동의 없이 양도, 저당권설정, 전전세, 임대 가능
② 양도금지특약은 가능

22. 원전세권자가 소유자 **동의 없이 전전세를 하면** 원전세권은 **소멸한다.** (×)

23. 전세권 **양도금지특약**은 이를 **등기하여야** 제3자에게 **대항할 수 있다**.

- 건물 전세권 ⇨ 지상권, 토지임차권에 효력 ○

★★
24. **타인의 토지 위에 건물**을 신축한 자가 그 건물에 **전세권**을 설정한 경우, 전세권은 건물의 소유를 목적으로 하는 **토지임차권에도 그 효력이 미친다.**

★★
25. **타인의 토지에 있는 건물에 전세권**을 설정한 경우, 전세권의 효력은 그 건물의 소유를 목적으로 한 **지상권에는 미치지 않는다.** (×)

- 전세권소멸시 ⇨ 동시이행관계

26. **전세권이 소멸된 경우**, 전세권자의 전세목적물의 인도는 전세금의 반환보다 **선이행되어야 한다.** (×)

- 건물의 일부에 대한 전세권
① 건물의 경락대금 전부에 대한 우선변제권 ○
② 건물 전부에 대한 경매권 ×

★
27. **건물의 일부에 전세권**이 설정된 경우, 전세권자는 **건물 전부**에 대하여 후순위권리자보다 전세금의 **우선변제를 받을 권리가 있다.**

★★
28. **건물의 일부에 전세권**이 설정된 경우, 전세권자는 전세권의 목적이 된 부분이 독립성이 없다면 **건물 전체의 경매를 청구할 수 있다.** (×)

- 전세권을 목적으로 저당권이 설정된 후 전세권이 소멸한 경우
  ⇨ 전세권 자체에 대한 경매 ×

29. **전세권을 목적으로 한 저당권**은 전세권의 **존속기간이 만료**되더라도 그 **전세권 자체**에 대하여 **저당권을 실행할 수 있다.** (×)

30. **전세권을 목적으로 저당권이 설정된 경우**, 전세권의 **존속기간이 만료되면** 저당권자는 전세금반환채권을 **압류하여 물상대위할 수 있다.**

31. 전세권저당권이 설정된 후 전세권이 기간만료로 소멸한 경우, 제3자의 **압류가 없으면** 전세권설정자는 **전세권자에게 전세금을 지급하여야 한다.**

- 전세금반환채권과 전세권의 분리 양도 ⇨ 전세권소멸을 조건으로 가능

32. 전세권이 **존속하는 중에** 전세권자는 전세권을 그대로 둔 채 **전세금반환채권만을** 확정적으로 **양도하지 못한다.**

33. 전세권 존속 중이라도 장래에 그 **전세권이 소멸하는** 경우에 전세금 반환채권이 발생하는 것을 **조건으로** 그 장래의 **조건부 채권을** 유효하게 **양도할 수 있다.**

핵심 사례

13 甲은 자신 소유의 X건물에 대하여 乙과 전세금 1억원으로 하는 전세권설정계약을 체결하고 乙명의로 전세권설정등기를 마쳐 주었다. 이에 관한 설명으로 **틀린** 것은?
  ① 甲이 X건물의 소유를 목적으로 한 지상권을 가지고 있던 경우, 乙의 전세권의 효력은 **지상권에도 미친다.**
  ② X건물의 대지도 甲의 소유인 경우, 대지소유권의 특별승계인 丙은 乙에 **대하여 지상권을 설정한 것으로 본다.**
  ③ 乙의 채권자 丙이 乙의 **전세권에 저당권**을 취득한 경우, **전세권의 존속기간이 만료**되면 丙은 **전세권 자체에 대하여 저당권을 실행할 수 없다.**
  ④ 甲이 전세권 존속 중 X건물의 **소유권을 丁에게 양도한 경우**, 특별한 사정이 없는 한 乙에 대한 **전세금반환의무는 丁이 부담한다.**
  ⑤ 甲에게 X건물의 소유를 위한 토지사용권이 없어 토지소유자가 X건물의 **철거를 청구하는 경우**, 乙은 자신의 **전세권으로 그 철거청구에 대항할 수 없다.**

14 | 유치권

> • 우선변제권 ×, 물상대위성 × ⇨ 불가분성 ○, 경매권 ○

★★
1. **유치권자는** 채권의 변제를 받기 위하여 유치물을 경매할 수 있고, 매각대금에서 후순위 권리자보다 **우선변제를 받을 수 있다.** (×)

★★
2. **유치권**에는 **물상대위성이 인정되지 않는다.**

3. **유치물이 소실된** 경우, 유치권은 소유자의 **화재보험금청구권 위에 미친다.** (×)

★
4. 유치권자는 채권의 **변제**를 받기 위하여 유치물을 **경매할 수 있다.**

★
5. 유치권의 **불가분성**은 그 목적물이 분할 가능하거나 수개의 물건인 경우에도 **적용된다.**

6. 유치물이 분할 가능한 경우, 채무자가 피담보채무의 **일부를 변제하면** 그 범위에서 **유치권은 일부 소멸한다.** (×)

> • 법정담보물권 ⇨ 임의규정 ⇨ 배제특약은 유효

★★
7. 유치권은 **법정담보물권**이지만 당사자 간의 **약정으로 배제할 수 있다.**

7-1. **유치권자가** 유치권 성립 후에 이를 **포기하는 의사표시를 한 경우에는 점유를 반환하지 않더라도 유치권은 소멸한다.**

8. **유치권은 약정담보물권이므로** 당사자의 약정으로 그 성립을 배제할 수 있다. (×)

★★
9. 유치권자와 유치물의 소유자 사이에 **유치권을 포기하기로 특약한 경우, 제3자는 특약의 효력을 주장할 수 없다.** (×)

10. 유치권배제특약에 따른 효력은 **특약의 상대방만 주장할 수 있다.** (×)

> • 비용상환청구권, 공사대금채권, 수리비채권 ⇨ 유치권 ○

11. **필요비**상환채무의 불이행으로 인한 **손해배상청구권**을 담보하기 위하여 **유치권을 행사할 수 있다**.

12. 채권과 물건 사이에 견련관계가 있더라도, 그 채무불이행으로 인한 손해배상채권과 그 물건 사이의 **견련관계는 인정되지 않는다.** (×)

> • 보증금, 권리금, 매매대금(건축자재대금, 외상대금) ⇨ 유치권 ×

13. 임대차 종료시 임차인은 임대인이 **보증금**을 반환할 때까지 **유치권을 행사할 수 있다.** (×)

14. 임차인은 **권리금**반환청구권을 담보하기 위해 임차목적물에 **유치권을 행사할 수 없다.**

15. 매도인이 **매매대금**을 다 지급받지 못하고 매수인에게 부동산 소유권을 이전해 준 경우, 매도인은 매매대금채권을 피담보채권으로 하여 자신이 점유하는 부동산의 **유치권을 주장할 수 있다.** (×)

16. **건축자재를 매도한 자는** 그 자재로 건축된 건물에 대해 자신의 **대금채권**을 담보하기 위하여 **유치권을 행사할 수 있다.** (×)

17. **임대인이 건물시설을 하지 않아** 임차인이 건물을 임대차목적대로 사용하지 못하였음을 이유로 하는 **손해배상청구권은 그 건물에 관하여 생긴 채권이다.** (×)

18. 건물신축공사를 도급받은 수급인이 사회통념상 **독립한 건물이 되지 못한 정착물을 토지에 설치한 상태에서 공사가 중단된 경우**, 수급인은 그 정착물에 대하여 **유치권을 행사할 수 없다**.

> • 채권 발생 후 점유를 취득 ⇨ 유치권 성립

19. 목적물에 관련되어 **채권이 발생한 후에 점유를 취득한 경우에도 유치권이 성립한다.**

- 부동산의 일부에 대한 유치권

20. 부동산의 **일부를 점유**한 경우에도 **유치권이 성립할 수 있다.**

21. 다세대주택의 공사를 완성한 수급인이 다세대주택 중 **한 세대를 점유한 경우에도** 다세대주택 전체에 대한 **공사대금채권 전부가** 피담보채권으로 **유치권에 의하여 담보된다.**

- 공사대금채권과 유치권
① 도급인 소유 ⇨ 유치권 ○
② 수급인 소유 ⇨ 유치권 ×

22. **수급인은** 특별한 사정이 없으면 **그의 비용과 노력으로 완공한 건물에 유치권을 가지지 못한다.**

23. **수급인은** 그가 완공하여 **원시취득한 건물에 관하여** 도급인으로부터 공사대금을 지급받을 때까지 **유치권을 행사할 수 있다.** (×)

- 채권의 변제기 도래 × ⇨ 유치권 성립 ×

24. 피담보채권이 **변제기에 이르지 아니하면 유치권을 행사할 수 없다.**

25. 임대차종료 후 법원이 임차인의 **유익비상환청구권에 유예기간을 인정한 경우**, 임차인은 기간 내에는 임차목적물을 **유치할 수 없다.**

- 유치권자 ⇨ 적법한 점유자로 추정 ○

26. 타인의 물건에 대한 **점유가 불법**행위로 인한 경우, 그 물건에 대한 **유치권은 성립하지 않는다.**

27. **소유자는** 그 물건을 점유하는 제3자가 비용을 지출할 때에 점유권원이 없음을 알았다는 사정 등을 **증명하여** 비용상환청구권에 기한 **유치권의 주장을 배척할 수 있다.**

28. 유치권을 주장하는 자는 자신의 점유가 **불법점유가 아님을 증명해야 한다.** (×)

> • 유치권자의 간접점유
> ① 제3자를 직접점유로 하는 간접점유 ⇨ 유치권 ○
> ② **채무자를 직접점유로 하는 간접점유** ⇨ **유치권 ×**

★
29. 유치권이 인정되기 위한 유치권자의 점유는 **직접점유이든 간접점유이든 관계없다.**

30. 유치권자가 **제3자와의 점유매개관계에 의해** 유치물을 **간접점유**하는 경우, 유치권은 **소멸하지 않는다.**

★★
31. 채권자가 **채무자를 직접점유자로 하여 간접점유**하는 경우에도 **유치권은 성립할 수 있다.**
(×)

> • 새로운 소유자 ⇨ 유치권 행사 ○, 변제청구 ×

★
32. 유치권의 목적부동산이 **제3자에게 양도**된 경우, **유치권자는** 특별한 사정이 없는 한 **제3자에게 유치권을 주장할 수 있다.**

★
33. 유치권이 경락인에게 인수된 경우, 유치권자는 **경락인에게 변제를 청구할 수 있다.** (×)

> • 경매개시결정등기(압류효력발생) 후에 성립한 유치권 ⇨ 경락인에게 대항 ×

★★
34. 경매절차에서 건물에 대한 **압류의 효력이 발생한 후에** 수급인이 건물의 **점유를 이전받은** 경우에는 수급인은 **유치권을 경락인에게 주장할 수 없다.**

★★
35. 수급인이 경매개시결정등기 전에 건물의 점유를 이전받았다면 **경매개시결정등기 후에 공사대금채권을 취득한 경우에도** 수급인은 **유치권을 경락인에게 주장할 수 있다.** (×)

★
36. 유치권자가 **경매개시결정등기 전에** 부동산에 관하여 **유치권을 취득**하였더라도 그 취득에 앞서 저당권설정등기가 먼저 되어 있었다면, **경매절차의 매수인에게** 자기의 **유치권으로 대항할 수 없다.** (×)

• 유치권자 ⇨ 과실수취권 ×, 과실을 수취하여 변제에 충당 ○

37. 유치권자에게는 원칙적으로 **수익목적의 과실수취권은** 인정되지 않는다.

★
38. **유치권자는** 유치물의 **과실을 수취하여** 유치권으로 담보된 **채권의 변제에 충당할 수 있다.**

39. 유치권자가 수취한 유치물의 **과실은 먼저** 피담보채권의 **원본에 충당**하고 그 잉여가 있으면 이자에 충당한다. (×)

• 보존에 필요한 사용 ⇨ 승낙 없이도 가능 ⇨ 부당이득반환 ○

★
40. 유치권자가 유치물인 **주택에 거주하며 이를 사용**하는 경우, 특별한 사정이 없는 한 채무자는 **유치권소멸을 청구할 수 없다.**

★
41. 유치권자는 보존에 필요한 사용은 소유자의 승낙 없이도 할 수 있으므로, **사용이익을 부당이득으로 반환할 의무는 없다.** (×)

• 유치권 행사 ⇨ 채권의 소멸시효는 진행

★★
42. 유치권의 행사는 피담보채권의 **소멸시효의 진행에 영향을 미치지 않는다.**

★★
43. 유치권을 행사하는 동안에는 채권의 **소멸시효가 진행하지 않는다.** (×)

• 상당한 담보를 제공 ⇨ 소멸청구

★
44. **유치물의 소유권자는** 채무자가 아니더라도 **상당한 담보를 제공하고** 유치권의 **소멸을 청구할 수 있다.**

44-1. 채무자는 상당한 담보를 제공하고 유치권의 소멸을 청구할 수 있는데, **유치물 가액이 피담보채권액보다 적을 경우에는 피담보채권액에 해당하는** 담보를 제공하여야 한다.
(×)

- 점유를 상실 ⇨ 유치권 소멸

45. 점유를 침탈당한 유치권자는 **점유권에 기한** 반환청구권을 행사할 수 **있으나, 유치권에 기한** 반환청구권은 행사할 수 **없다.**

46. ★ 유치권자가 유치물에 대한 점유를 빼앗긴 경우에도 점유물반환청구권을 보유하고 있다면 **점유를 회복하기 전에도 유치권이 인정된다.** (×)

46-1. 유치권자가 유치물의 점유를 침탈당한 경우, 1년 내에 점유회수의 소를 제기하여 승소하면 **점유를 회복하지 않더라도 유치권은 회복된다.** (×)

- 간이변제충당 ⇨ 법원에 청구

47. 유치권자는 **법원에 청구하지 않고 유치물로 직접 변제에 충당할 수 있다.** (×)

48. 유치부동산에 대하여 **법원이 간이변제충당을 허가한 경우**, 그 부동산에 대한 **등기를 하여야** 소유권이 이전된다. (×)

> **핵심 사례**

14 甲소유 주택의 공사수급인 乙이 공사대금채권을 담보하기 위하여 주택에 관하여 적법하게 유치권을 행사하고 있다. 이에 관한 설명으로 **틀린** 것은? (다툼이 있으면 판례에 따름)

① 乙이 甲의 **승낙 없이** 주택을 제3자에게 **임대**한 경우, 甲은 유치권의 **소멸을 청구할** 수 있다.
② 乙은 주택에 관하여 **경매를 신청할 수 있으나**, 매각대금으로부터 **우선변제를 받을 수는 없다.**
③ 乙이 **甲을 직접점유자로 하여** 주택을 **간접점유**하는 경우, 乙은 주택에 대한 **유치권을 행사할 수 없다.**
④ 乙이 **유치권을** 취득한 후에 이를 **포기하는** 의사표시를 한 경우에도 甲에게 **점유를 반환하여야** 유치권은 소멸한다.
⑤ 乙이 **경매개시결정등기 전에** 주택에 대한 **유치권을 취득한 경우**에는 그 취득에 앞서 저당권설정등기가 먼저 되어 있었더라도, **경매절차의 매수인에게** 乙은 유치권으로 대항할 수 있다.

15 甲은 乙소유의 X주택에 관하여 공사대금채권을 가진 자로서 그 주택에 거주하며 점유·사용하고 있다. 이에 관한 설명으로 **틀린** 것을 모두 고른 것은?

> ㄱ. **X주택의 존재가 대지소유권자에게 불법행위가 되는 경우**에도 X주택에 대한 甲의 유치권이 인정되면 甲은 **유치권으로 대지소유권자에게 대항할 수 있다.**
> ㄴ. X주택에 **경매**개시결정의 기입**등기가 경료된 후** 甲의 X주택의 **점유**를 乙로부터 이전받은 경우, 甲은 그 **경매절차의 매수인에게 유치권을 주장할 수 없다.**
> ㄷ. 甲이 X주택을 자신의 유치권 행사로 점유·사용하더라도, 이를 이유로는 甲의 乙에 대한 공사대금채권의 **소멸시효가 중단되지 않는다.**
> ㄹ. 甲이 자신의 유치권에 기하여 X주택에 거주하던 중 乙의 허락 없이 X주택을 **제3자에게 임대하고 임차보증금을 수령하였다면**, 甲은 乙에 대하여 임차보증금 상당액을 부당이득으로 반환하여야 한다.

① ㄱ, ㄴ　　② ㄴ, ㄷ　　③ ㄷ, ㄹ
④ ㄱ, ㄹ　　⑤ ㄴ, ㄹ

15 | 저당권

> • 채권이 소멸 ⇨ 저당권은 말소등기 없이도 소멸

1. 저당권의 **피담보채권 소멸 후** 그 말소등기 전에 피담보채권의 전부명령을 받아 저당권 이전등기가 이루어진 때에도 그 **저당권은 효력이 없다.**

> • 저당권 ⇨ 채권과 분리 ⇨ 양도 ×

★
2. 저당권은 그 담보한 **채권과 분리하여** 타인에게 **양도할 수 있다.** (×)

> • 저당권의 객체
> ① 지상권 ○, 전세권 ○, **지역권** ×
> ② 공유지분 ○, **부동산의 일부** ×

3. **전세권은 저당권**의 객체가 **될 수 없다.** (×)

★
4. **지역권은** 요역지와 분리하여 **저당권의 목적이 될 수 없다.**

★
5. 1필 **토지의 일부**에 대해서는 **저당권**이 성립할 수 **없다.**

> • 저당권설정자 ⇨ 제3자 ○ ⇨ 물상보증인

6. **저당권설정자는** 채무자에 한하지 않고 **제3자도 될 수 있다.**

> • 저당권의 피담보채권의 범위
> ① 원본, 이자, 위약금, 실행비용, 1년분의 지연이자
> ② 1년분의 지연이자 ⇨ 채무자에게 적용 ×

7. **저당목적물의 하자로 인한 손해배상금은** 저당권의 피담보채권의 범위에 **포함되지 않는다.**

7-1. **저당물의 보존비용은** 저당권의 피담보채권의 범위에 **포함되지 않는다.**

8. 원본의 반환이 **2년간 지체**된 경우 **채무자는** 원본 및 지연배상금의 **전부를 변제하여야** 저당권등기의 **말소를 청구할 수 있다.**

> • 저당권의 효력
> ① 부합물, 종물, 종된 권리 ○
> ② 과실 × ⇨ 저당부동산에 대한 압류 후 발생하는 과실 ○

9. 저당권이 **설정된 후**에 설치된 **부합물이나 종물**에도 저당권의 효력은 **미친다**.

10. ★★ **건물저당권의 효력**은 특별한 사정이 없는 한 그 건물의 소유를 목적으로 한 **지상권에도 미친다**.

11. **건물에 대한 저당권이 실행**되어 경락인이 건물의 소유권을 취득한 때에는 특별한 사정이 없는 한 그 건물의 소유를 목적으로 한 **토지임차권도 경락인에게 이전된다**.

12. **법정지상권이 붙은 건물에 대해서 저당권이 실행**된 경우, **경락인**은 건물뿐만 아니라 법정지상권도 **등기 없이** 당연히 **취득한다**.

13. ★★ 구분건물의 **전유부분**만에 관하여 설정된 **저당권**의 효력은 특별한 사정이 없는 한 그 **대지사용권에는 미치지 않는다**. (×)

14. 토지저당권의 효력은 제3자가 무단으로 경작한 **농작물에도 미친다**. (×)

15. 저당권의 효력은 저당부동산에 부합된 물건에 미치므로, **명인방법을 갖춘 수목에도 토지저당권의 효력이 미친다**. (×)

16. ★★ 저당부동산에 대한 **압류 후에는** 저당권설정자의 저당부동산에 관한 **차임채권에도 저당권의 효력이 미친다**.

17. ★★ 저당부동산에 대한 압류가 있으면 **압류 이전의** 저당권설정자의 저당부동산에 관한 **차임채권에도 저당권의 효력이 미친다**. (×)

> • 물상대위성
> ① 유치물이 멸실, 소실된 경우 ⇨ 유치권 ⇨ 물상대위 ×
> ② 저당물이 멸실, 훼손, 공용징수된 경우 ⇨ 보험금, 손해배상금, 수용보상금 ○
> ③ 저당물이 매매, 임대차된 경우 ⇨ 매매대금, 차임 ⇨ 물상대위 ×
> ④ 저당권설정자가 수령하기 전 압류 또는 공탁 ⇨ 특정
> ⑤ 반드시 저당권자 스스로 압류할 필요 ×

18. 저당권자는 저당목적물의 소실로 인하여 저당권설정자가 취득한 **화재보험금청구권**에 대하여 **물상대위권을 행사할 수 있다**.

19. 저당권이 설정된 토지가 **강제수용**된 경우, 저당권자는 그 **보상금**에 대하여 **물상대위권을 행사할 수 있다**.

20. 저당목적물이 매매된 경우 그 **매매대금**에 대하여는 저당권자가 **물상대위할 수 없다**.

21. 저당권이 설정된 토지가 공익사업을 위한 토지 등의 취득 및 보상에 관한 법률에 따라 **협의취득**된 경우, 저당권자는 그 **보상금**에 대하여 **물상대위권을 행사할 수 있다**. (×)

22. **저당권설정자에게** 대위할 물건이 **인도된** 후에 저당권자가 그 물건을 **압류**한 경우 **물상대위권을 행사할 수 있다**. (×)

23. **제3자가 이미** 저당목적물의 변형물을 **압류**하였다 하더라도, **저당권자는 스스로 이를 압류하지 않더라도 물상대위권을 행사할 수 있다**.

24. 저당목적물의 변형물인 물건에 대하여 **이미 제3자가 압류**하여 그 물건이 특정된 경우에도 **저당권자는 스스로 이를 압류하여야** 물상대위권을 행사할 수 있다. (×)

25. 물상대위권 행사를 위한 **압류**는 그 권리를 행사하는 **저당권자에 의해서만 가능하다**. (×)

26. 저당권자가 **물상대위권을 행사하지 아니한 경우**, 저당목적물의 변형물로부터 이득을 얻은 다른 채권자에 대하여 **부당이득반환을 청구할 수 있다**. (×)

- **일괄경매청구권**
  ① **나대지** ⇨ **설정자가** 신축하고 **소유**
  ② **건물대가** ⇨ **우선변제** ×

27. 토지에 저당권을 설정할 당시에 **이미 건물이 존재**하고 있었던 경우에도 **일괄경매청구권이 인정된다**. (×)

28. 저당권설정자가 저당권 설정 후 건물을 축조하였으나 경매 당시 **제3자가 그 건물을 소유하는 때에도 일괄경매청구권이 인정된다**. (×)

29. 저당권설정자로부터 용익권을 설정받은 자가 건축한 건물이라도 **저당권설정자가 나중에 소유권을 취득하였다면 일괄경매청구가 허용된다**.

30. 토지와 건물이 **일괄경매**가 되더라도 저당권자는 **건물대가에서 우선변제를 받을 수는 없다**.

> • 경매시 ⇨ 저당권 소멸

31. **1번 저당권이 설정된 후 지상권이 설정되고** 그 후 설정된 2번 저당권의 실행으로 목적물이 매각되더라도 **지상권은 소멸하지 않는다.** (×)

> • 제3취득자 보호
> ① 경매인 ○
> ② 대위변제권 ○
> ③ **비용 최우선상환** ○
> ④ 후순위저당권자 ⇨ 제3취득자의 대위변제 ×

32. **저당물의 소유권을 취득한 제3자는** 그 저당물의 경매에서 **경매인이 될 수 없다.** (×)

33. 확정된 피담보채권액이 채권최고액을 **초과**한 경우, **제3취득자는 채권최고액을 변제하고 근저당권설정등기의 말소를 청구할 수 있다.**

34. 저당부동산의 **제3취득자는 저당권설정자의 의사에 반하여** 피담보채무를 **변제하고** 저당권의 **소멸을 청구할 수는 없다.** (×)

35. 제3취득자가 **필요비 또는 유익비**를 지출한 경우, 저당물의 경매대가에서 **우선변제를 받을 수 있다.**

35-1. 저당물의 **제3취득자가** 저당물의 개량을 위하여 **유익비를 지출한 때**에는 민법 제367조에 의한 비용상환청구권을 피담보채권으로 삼아 **유치권을 행사할 수 있다.** (×)

36. 제3취득자는 그 부동산의 개량을 위한 **유익비**를 지출하여 가치의 증가가 현존하더라도, 저당물의 매각대금에서 **우선적으로 상환 받을 수 없다.** (×)

37. 선순위근저당권의 확정된 채권액이 채권최고액을 **초과**하는 경우, **후순위근저당권자는 제3취득자의 지위에서 채권최고액을 변제하고** 선순위근저당권의 **말소를 청구할 수 없다.**

16 | 근저당권

> • 확정 전 ⇨ 부종성 ×

1. 피담보채권이 **확정되기 전**에는 채권이 **일시 소멸**하더라도 **근저당권은 소멸하지 않는다**.

2. 근저당권의 피담보채권이 **확정되기 전**이라도 그 **채권의 일부가 양도**되면 그 부분의 **근저당권은 양수인에게 승계된다**. (×)

> • 채권최고액
> ① 우선변제를 받을 수 있는 한도액 ○, 책임의 한도액 ×
> ② 채권최고액 ⇨ 지연이자는 1년제한 없이 포함 ○, 경매실행비용은 포함 ×

3. 원본의 이행기일을 경과한 후 발생하는 지연손해금 중 1년이 지난 기간에 대한 **지연손해금**도 근저당권의 **채권최고액 한도에서 전액 담보된다**.

4. 피담보채권의 **이자**는 채권최고액에 **포함된 것으로 본다**.

5. 근저당권의 **실행비용**은 채권최고액에 **포함되지 않는다**.

6. 근저당권의 **실행비용**은 채권최고액과 상관없이 **우선변제된다**.

> • 경매신청으로 인한 근저당권의 피담보채권 확정시기
> ① **근저당권자가 스스로 경매신청** ⇨ 경매**신청시에 확정**
> ② 후순위권리자가 경매신청 ⇨ 선순위근저당권은 매각대금 완납시에 확정
> ③ 경매개시결정 후 경매신청이 취하 ⇨ 채무확정의 효과는 번복 ×

7. **근저당권자가** 피담보채무의 불이행을 이유로 **경매신청**을 한 때에는 매수인이 매각대금을 **완납한 때에** 피담보채권은 **확정된다**. (×)

8. **후순위**근저당권자가 **경매를 신청**한 경우, **선순위**근저당권은 **경매신청시에 확정된다**. (×)

9. 공동근저당권자가 X건물과 Y건물에 대하여 공동저당을 설정한 후, **제3자가 신청한 X건물**에 대한 경매절차에 참가하여 **배당을 받으면**, **Y건물에 대한 피담보채권도 확정된다**. (×)

10. 근저당권자가 스스로 **경매신청**을 한 경우에는 **경매신청시에 확정**되므로, 경매개시결정 후 경매신청이 취하되었다고 하더라도 **채무확정의 효과는 번복되지 않는다.**

> • 해지 ○ ⇨ 확정 ○

11. 근저당권에 존속기간이나 결산기의 정함이 없는 경우, 근저당권설정자는 근저당권자에게 언제든지 **해지하여** 피담보채권을 **확정시킬 수 있다.**

> • **확정 후** ⇨ 새로운 채권은 포함 ×, **이자 및 지연이자는 포함** ○

12. 피담보채권이 **확정된 후에 새로운 거래관계에서 발생한 원본채권**은 채권최고액 범위 내라하더라도 근저당권에 의해 **담보되지 않는다.**

13. 확정 전에 발생한 원본채권에 관하여 **확정 후에 발생하는 이자나 지연손해금채권**은 **채권최고액의 범위 내**라하더라도 근저당권에 의하여 **담보되지 않는다.** (×)

> • 확정된 채권액이 채권최고액을 **초과**하는 경우
> ① **채무자** ⇨ **확정된 채권액**을 변제 ○ ⇨ 근저당권의 말소청구 ○
> ② **제3취득자, 물상보증인** ⇨ **최고액만을** 변제 ○ ⇨ 근저당권의 말소청구 ○

14. 확정된 채권액이 최고액을 **초과**한 경우, **채무자는 최고액을 변제하면** 근저당권등기의 **말소를 청구할 수 있다.** (×)

15. 확정된 채권액이 최고액을 **초과**한 경우, **물상보증인은 최고액만을 변제하고** 근저당권등기의 **말소를 청구할 수 있다.**

16. 확정된 피담보채권액이 채권최고액을 **초과**한 경우, **제3취득자는 채권최고액을 변제하고** 근저당권설정등기의 **말소를 청구할 수 있다.**

17. 선순위근저당권의 확정된 채권액이 채권최고액을 **초과**하는 경우, **후순위근저당권자**는 제3취득자의 지위에서 **채권최고액을 변제하고** 선순위근저당권의 **말소를 청구할 수 없다.**

• 근저당권설정 후 소유자가 변경된 경우

18. 근저당권의 목적물이 양도된 후 피담보채무가 소멸한 경우, 근저당권설정자인 **종전 소유자는** 근저당권등기의 **말소를 청구할 수 없다.** (×)

• 확정 전에 채무자가 변경된 경우

19. 피담보채무 확정 전에는 **채무자를 변경할 수 있다.**
20. 피담보채무의 **확정 전 채무자가 변경**된 경우, **변경 후의 채무자에 대한 채권만이** 당해 근저당권에 의하여 **담보된다.**

핵심 사례

16 甲소유의 X토지에 乙의 1번 저당권, 丙의 2번 저당권이 각각 설정되어 있다. 다음 설명 중 틀린 것은? (다툼이 있으면 판례에 따름)

① 乙은 **저당권을** 피담보채권과 **분리하여** 제3자에게 **양도할 수 없다.**
② 乙의 저당권등기가 **불법말소**된 경우에도 저당권은 **소멸하지 않는다.**
③ 乙의 저당권등기가 **불법말소**된 후 丙의 **경매신청으로** X토지가 제3자에게 **매각되면** 甲의 저당권등기는 **회복될 수 없다.**
④ 甲이 乙에 대한 채무를 변제한 경우, **말소등기를 하지 않아도** 1번 저당권은 **소멸한다.**
⑤ 乙의 1번 저당권이 소멸한 후 甲이 丁에게 금원을 차용한 경우, 甲과 丁은 **1번 저당권을 유용할 수 있다.**

17 甲은 乙소유의 X토지에 저당권을 취득하였다. X토지에 Y건물이 존재할 때, 甲이 X토지와 Y건물에 대해 일괄경매를 청구할 수 있는 경우를 모두 고른 것은?

> ㄱ. 甲이 **저당권을 취득하기 전**, 이미 X토지 위에 **Y건물이 존재한 경우**
> ㄴ. 甲이 저당권을 취득한 후, 乙이 X토지 위에 Y건물을 축조하였으나 丙에게 매도하여 丙이 그 건물의 소유권을 취득한 경우
> ㄷ. 甲이 저당권을 취득한 후, 丙이 X토지에 지상권을 취득하여 Y건물을 축조하고 乙이 그 건물의 소유권을 취득한 경우

① ㄱ, ㄴ   ② ㄷ   ③ ㄱ, ㄷ
④ ㄴ, ㄷ   ⑤ ㄱ, ㄴ, ㄷ

18 甲은 乙로부터 돈을 빌리면서 자기 소유의 X토지에 1번 근저당권(채권최고액 5억원)을 설정해 주었고, 甲은 다시 丙으로부터 돈을 빌리면서 X토지에 2번 근저당권(채권최고액 3억원)을 설정해 주었다. 이에 관한 설명으로 **틀린** 것은?

① 丙이 경매를 신청한 때에는 乙의 **피담보채권**은 매수인이 매각대금을 **완납한 때 확정**된다.
② 乙이 경매를 **신청**하여 피담보채권의 원본채권이 **4억원으로 확정**되었더라도 4억원에 대한 **확정 후 발생한 이자 1천만원**은 근저당권에 의해 **담보된다**.
③ 丙의 근저당권의 **존속기간을 정하지 않은 경우**, 甲이 근저당권설정계약을 **해지**하더라도 근저당권으로 담보되는 丙의 피담보채무는 **확정되지 않는다**.
④ 결산기에 확정된 乙의 **채권이 6억원**인 경우, 甲은 **6억원을 변제해야** 乙의 근저당권의 **소멸을 청구할 수 있다**.
⑤ 丁이 X토지를 매수하여 **소유권을 취득한 후** 丙의 채권이 4억원으로 확정된 경우, 丁은 **3억원을 변제하면** 丙의 근저당권의 **소멸을 청구할 수 있다**.

박문각 공인중개사

PART 03

계약법

01 | 계약의 성립

- 계약의 유형
  ① 매매, 교환, 임대차 ➡ 쌍무, 유상, 낙성, 불요식계약
  ② 증여, 사용대차 ➡ 편무, 무상, 낙성, 불요식계약
  ③ 쌍무계약 ➡ 유상계약
  ④ 계약금계약 ➡ 요물계약

★
1. **교환**계약은 **요물**계약이다. (×)

★
2. **쌍무**계약은 **유상**계약이다.

★
3. **계약금**계약은 **낙성**계약이다. (×)

- 청약의 상대방 ➡ 불특정 다수인 ○

★
4. **청약은 불특정 다수인**에게 할 수 있으나, **승낙은 반드시 청약자**에게 하여야 한다.

5. **청약**은 상대방 있는 의사표시이므로 **상대방이 특정되어야 한다.** (×)

6. **청약과 승낙**의 의사표시는 **특정인에 대해서만** 가능하다. (×)

- 격지자 ➡ **승낙** ➡ **발송**
- 교차청약 ➡ 양 청약이 도달한 때 성립

★★
7. **격지자** 간의 계약은 **승낙**의 통지를 **발송**한 때에 성립한다.

8. **격지자** 간의 계약은 **승낙**의 통지가 **도달**한 때에 성립한다. (×)

9. 당사자 간에 동일한 내용의 **청약이 상호 교차된 경우**, 양 청약이 상대방에게 **도달한 때에** 계약이 성립한다.

★★
10. 당사자 간에 동일한 내용의 **청약이 상호 교차된 경우**, 양 청약이 상대방에게 **발송한 때에** 계약이 성립한다. (×)

- 의사실현 ⇨ 사실이 있는 때에 성립

11. 청약자의 의사표시에 의하여 승낙의 통지가 필요 없는 경우, 계약은 승낙의 의사표시로 인정되는 **사실이 있는 때에 성립한다.**

12. 관습에 의하여 승낙의 의사표시가 필요하지 아니한 경우, **계약의 성립시기는** 청약자가 승낙의 의사표시로 인정되는 사실을 **알게 된 때이다.** (×)

- 청약 ⇨ 도달 후 ⇨ 철회 ×

13. 격지자 간의 **청약은** 상대방에게 **도달한 후에도 철회할 수 있다.** (×)

14. 청약자는 청약이 상대방에게 **도달하기 전에는** 임의로 **철회할 수 있다.**

- 청약자가 일방적으로 정한 내용 ⇨ 상대방에게 구속력 ×

15. 청약자가 "**일정 기간 내에 이의를 제기하지 않으면 승낙한 것으로 본다.**"는 뜻을 표시한 경우, 이의 없이 그 기간이 지나면 **계약은 성립한다.** (×)

- 계약의 성립
① **승낙기간 내에 도달 ⇨ 승낙의 발신일에 성립**
② 연착된 승낙 ⇨ 성립 × ⇨ 새로운 청약 ⇨ 청약자가 승낙 ⇨ 성립
③ 사고로 인한 연착 ⇨ 성립 × ⇨ 연착통지 × ⇨ 성립

16. 甲이 승낙기간을 8월 30일로 정하여 한 청약이 乙에게 도달하였다.
① 乙이 8월 **25일에 승낙을 발송**하여 8월 **27일에 도달**한 경우, 계약은 8월 **25일에 성립한다.**
② 8월 **29일에 발송**한 乙의 승낙이 8월 **31일에 도달**한 경우, **甲의 승낙이 없는 한** 계약은 **성립하지 않는다.**
③ 8월 **20일에 발송**한 乙의 승낙이 8월 **31일에 도달**한 경우, 甲이 乙에게 **연착통지를 하지 않은 경우**, 계약은 8월 **20일에 성립한다.**
④ ③의 경우, 甲이 乙에게 **연착통지를 하면**, 계약은 **성립하지 않는다.**

핵심 사례

01 甲이 승낙기간을 2025. 5. 8.로 하여 자신의 X주택을 乙에게 5억원에 팔겠다고 하는 청약이 乙에게 도달하였다. 이에 관한 설명으로 **틀린** 것은? (다툼이 있으면 판례에 따름)

① 乙이 승낙을 발송하기 전이라도 甲은 청약을 임의로 **철회할 수 없다**.

② 甲의 청약이 乙에게 도달하기 전에 甲이 **사망**하더라도 乙이 甲의 상속인 丙에게 2025. 5. 8. 내에 승낙을 하면 乙과 丙 사이에 **계약이 성립한다**.

③ 乙이 **4억원에 매수한다는 승낙**을 한 경우에는 甲의 청약을 거절함과 동시에 **새로운 청약을 한 것으로 본다**.

④ 乙이 승낙을 2025. **5. 4. 발송**하여 2025. **5. 6.에 도달**한 경우, 계약은 2025. **5. 4.에 성립한다**.

⑤ 乙이 승낙을 2025. **5. 9. 발송**하여 2025. **5. 11.에 도달**한 경우, 甲이 乙에게 **연착통지를 하지 않으면** 乙의 승낙은 **연착되지 아니한 것으로 본다**.

02 | 민법상 불능

> • **원시적 불능** ⇨ 무효 ⇨ **계약체결상 과실책임** ⇨ 신뢰이익 ⇨ **상대방은 무과실**

1. 수량지정매매에서 **수량이 부족**한 경우, **계약체결상 과실책임을 물을 수 없다.**

2. 계약이 의사의 **불합치로 성립하지 아니한 경우**, 그로 인하여 손해를 입은 당사자는 상대방에 대하여 **계약체결상 과실책임을 유추적용하여** 손해배상을 **청구할 수 있다.** (×)

★
3. **상대방은** 원시적 불능에 대하여 선의이며 **무과실이어야 한다.**

★
4. 목적이 **불능인 계약을 체결할 때에** 그 불능을 알 수 있었을 자는 **상대방이 그 불능을 알 수 있었더라도** 이행이익을 넘지 않은 한도에서 상대방에게 **신뢰이익을 배상하여야 한다.** (×)

> • **후발적 불능** ⇨ 유효 ⇨ **매도인이 채무자**
> 1. **채무자의 귀책** ○ ⇨ **채무불이행책임** ⇨ **해제, 손해배상**(이행이익)
> 2. **채무자의 귀책** × ⇨ **위험부담**
> ① 쌍방 귀책 × ⇨ 채무자위험부담 ⇨ 대가 ×
> ② 채권자의 귀책 ○ ⇨ 채권자위험부담 ⇨ 대가 ○

★★
5. 채무자의 책임 있는 사유로 후발적 **이행불능**이 된 경우, 채권자는 **최고 없이 계약을 해제할 수 있다.**

★★
6. 채권자가 **이행불능**을 이유로 계약을 **해제**한 경우, 그는 이행불능으로 인한 **손해의 배상을 청구할 수 없다.** (×)

★★
7. **채무자의 책임 있는 사유로** 후발적 불능이 발생한 경우, **위험부담의 법리가 적용된다.** (×)

8. 쌍무계약의 당사자 일방의 채무가 **쌍방의 귀책사유 없이** 이행불능이 된 경우에는 **채무자가 그 위험을 부담한다.**

★★
9. 당사자 **쌍방의 귀책사유 없는** 이행불능으로 매매계약이 종료된 경우, 매도인은 이미 지급받은 **계약금을 반환하지 않아도 된다.** (×)

10. **채무자의 책임 없는 사유로** 채무의 이행이 불능하게 된 경우에도 채권자는 계약을 **해제할 수 있다.** (×)

11. 甲소유 토지를 乙에게 매도한 후 그 토지 전부가 **수용**된 경우, 乙은 이행불능을 이유로 甲과의 계약을 **해제할 수 있다.** (×)

12. 甲소유 토지를 乙에게 매도한 후 그 토지 전부가 **수용**된 경우, 乙은 甲에게 **매매대금 전부를 지급**하면서 甲의 **수용보상금청구권의 양도를 청구할 수 있다.**

13. 甲이 자신의 토지를 乙에게 매도하는 계약을 체결한 후 그 토지가 **수용**된 경우, 乙이 대상청구권을 행사하면 甲의 **수용보상금청구권 자체가 乙에게 귀속한다.** (×)

14. 당사자 일방의 채무가 **채권자의 책임 있는 사유로** 불능이 된 경우, **채무자는** 상대방의 **이행을 청구할 수 있다.**

14-1. 매도인의 소유권이전등기의무가 **매수인의 귀책사유에 의해 이행불능**이 된 경우, **매수인은** 이를 이유로 계약을 **해제할 수 있다.** (×)

15. 채권자의 **수령지체 중에** 당사자 쌍방의 책임 없는 사유로 채무자의 이행이 불능이 된 경우, **채무자는** 채권자에게 **이행을 청구할 수 없다.** (×)

16. 채권자의 **수령지체 중에** 당사자 쌍방의 책임 없는 사유로 채무자의 이행이 불능이 된 경우, **채무자는 자신의 채무를 면함으로써 얻은 이익은** 채권자에게 **상환해야 한다.**

• 매매계약 후 ⇨ 가압류, 압류, 가처분, 가등기 ⇨ 이행불능 × ⇨ 해제 ×

---

17. **매매계약 후에** 매매목적물에 대하여 **압류등기가 경료된 경우**, 매수인은 이러한 사유만으로는 계약을 **즉시 해제할 수는 없다.**

17-1. 매매목적물인 부동산이 **가압류**되었다는 사유만으로 매도인의 **이행불능**을 이유로 매매계약을 **해제할 수는 없다.**

18. 부동산의 소유권이전등기의무자가 그 부동산에 제3자 명의로 **가등기를 마쳐주면**, 부동산의 처분권한 상실로 소유권이전등기의무가 **이행불능이 된다.** (×)

• 임대인 ⇨ 소유권 상실 ⇨ 이행불능 ×

19. 임대차에서 목적물을 사용·수익하게 할 임대인의 의무는 **임대인이** 임대차목적물의 **소유권을 상실한 것만으로 이행불능이 된다.** (×)

20. 임대인에게 임대목적물에 대한 소유권이 없는 경우, 임차인이 진실한 소유자로부터 목적물의 반환청구를 받는 등의 이유로 **임차인이 이를 사용·수익할 수가 없게 되면** 임대인의 채무는 **이행불능이 된다.**

핵심 사례

02 甲은 그 소유의 X주택을 乙에게 매도하기로 약정하였는데, 인도와 소유권이전등기를 마치기 전에 X주택이 소실되었다. 이에 관한 설명으로 <u>틀린</u> 것은?

① X주택이 **불가항력**으로 소실된 경우, 甲은 乙에게 **대금지급을 청구할 수 없다.**
② X주택이 **甲의 과실**로 소실된 경우, 乙은 매매계약을 **즉시 해제하고 손해배상을 청구할 수 있다.**
③ X주택이 **乙의 과실**로 소실된 경우, 甲은 乙에게 **대금지급을 청구할 수 있다.**
④ 乙의 **수령지체** 중에 X주택이 불가항력으로 소실된 경우, **甲은** 자신의 채무를 면하면서 **얻은 이익을 乙에게 상환할 필요가 없다.**
⑤ 乙이 이미 대금을 지급하였는데 X주택이 **불가항력**으로 소실된 경우, 乙은 甲에게 부당이득을 이유로 **대금의 반환을 청구할 수 있다.**

03 甲은 자기소유 토지를 乙에게 매도하였으나 계약체결 후 그 토지 전부가 수용되어 소유권이전이 불가능하게 되었다. 다음 내용 중 옳은 것을 모두 고른 것은?

> ㄱ. 乙은 이행불능을 이유로 甲과의 계약을 **해제하고 손해배상을 청구할 수 있다.**
> ㄴ. 乙은 甲에게 **매매대금을 지급할 의무가 없으므로**, 乙은 甲에게 이미 지급한 중도금의 반환을 청구할 수 있다.
> ㄷ. 乙이 **매매대금 전부를 지급하면** 甲의 **수용보상금청구권 자체가 乙에게 귀속한다.**

① ㄱ   ② ㄴ   ③ ㄱ, ㄴ
④ ㄱ, ㄷ   ⑤ ㄴ, ㄷ

03 | 동시이행항변권

> • 원칙 ⇨ 동일한 쌍무계약 ⇨ 동시이행관계 ⇨ 동시이행항변권

1. 당사자 쌍방이 **각각 별개의 약정**으로 상대방에 대하여 채무를 지게 된 경우에는 동시이행을 하기로 **특약한 사실이 없다면 동시이행항변권이 발생할 수 없다.**

> • 선이행의무자 ⇨ 동시이행항변권을 행사할 수 있는 경우

2. **후이행의무자의 채무이행이 현저히 곤란한 경우**, 후이행의무자의 변제기가 도래하기 전이라도 **선이행의무자는 동시이행항변권을 행사할 수 있다.**

★★
3. **선이행의무자**가 이행을 지체하는 동안 **상대방의** 채무가 **이행기에 도래**한 경우, 특별한 사정이 없는 한 양 당사자의 의무는 **동시이행관계에 있다.**

★★
4. 이행지체 중에 있던 **선이행의무자**는 상대방의 채무가 **이행기에 도래**하더라도 **동시이행항변권을 행사할 수 없다.** (×)

> • 상대방이 이행제공 × ⇨ 채무자는 동시이행항변권 ○

★★
5. 상대방의 이행제공을 수령하지 않음으로써 **수령지체에 빠진 당사자도** 그 후 상대방이 **이행제공 없이** 이행을 청구하는 경우에는 **동시이행항변권을 행사할 수 있다.**

★★
6. 일방의 이행제공으로 **수령지체에 빠진 상대방은** 그 후 그 일방이 **이행제공 없이** 이행을 청구하는 경우에는 **동시이행항변권을 주장할 수 없다.** (×)

> • 동시이행관계에 있는 채권 ⇨ 압류 ⇨ 채무자는 동시이행항변권 ○

★
7. 매도인의 소유권이전의무와 **동시이행관계에 있는 매매대금채권을** 매도인의 채권자가 **압류**한 경우, 매수인은 압류채권자에게 **동시이행항변권을 행사할 수 있다.**

> • 동시이행항변권이 있는 채권 ⇨ 상계 ×

★
8. 동시이행항변권이 있는 채권을 자동채권으로 하여 **상계할 수 없다.**

> • 동시이행항변권이 존재 ○ ⇨ 동시이행항변권을 행사 × ⇨ 지체책임 ×

9. 상대방이 이행제공을 하지 않은 경우, **채무자는** 명시적으로 동시이행항변권을 **행사하지 않더라도 이행지체책임을 지지 않는다.**

10. 동시이행항변권에 따른 **이행지체책임 면제의 효력은** 그 항변권을 **행사·원용하여야 발생한다.** (×)

> • 동시이행항변권을 행사 ○ ⇨ 법원이 판단 ⇨ 상환이행판결(일부승소판결)

11. 동시이행**항변권은 당사자의 주장이 없어도** 법원이 **직권으로 고려할 사항이다.** (×)

12. 채권자의 이행청구소송에서 채무자가 주장한 **동시이행의 항변이 받아들여진 경우,** 채권자는 **전부 패소판결**을 받게 된다. (×)

> • 변제 ⇨ 말소 ⇨ 동시이행 ×

13. 피담보채권의 **변제와 담보물권(저당권, 가등기담보권, 양도담보권)의 말소등기는 동시이행관계에 있지 않다.**

14. 채무를 담보하기 위해 채권자 명의의 소유권이전등기가 된 경우, 피담보채무의 **변제의무와** 그 소유권이전등기의 **말소의무는 동시이행관계에 있다.** (×)

> • 이행불능 ⇨ 손해배상채무 ⇨ 동시이행 ○

15. 동시이행관계에 있는 쌍방의 채무 중 어느 한 채무가 **이행불능이 됨으로** 인하여 발생한 **손해배상채무도** 여전히 다른 채무와 **동시이행관계에 있다.**

16. 당사자 일방의 책임 있는 사유로 **채무이행이 불능으로 되어 그 채무가 손해배상채무로 바뀌게 되면 동시이행관계는 소멸한다.** (×)

- 권리금회수 방해로 인한 손해배상의무 ⇨ 동시이행 ×

17. 상가임대차계약 종료에 따른 임차인의 목적물반환의무와 임대인의 **권리금회수 방해로 인한 손해배상의무**는 별개의 원인에 기한 것이므로 **동시이행관계에 있지 않다.**

- 임차권등기명령, 토지거래허가, 경매 무효 ⇨ 동시이행 ×

18. **임차권등기명령**에 의해 등기된 임차권등기말소의무와 보증금반환의무는 **동시이행관계에 있다.** (×)

19. 매도인의 **토지거래허가** 신청절차 협력의무와 매수인의 매매대금지급의무는 **동시이행관계에 있지 않다.**

20. 근저당권 실행을 위한 **경매가 무효**가 된 경우, **낙찰자의 채무자에 대한** 소유권이전등기말소의무와 **근저당권자의 낙찰자에 대한** 배당금 반환의무는 **동시이행관계에 있지 않다.**

- 동시이행관계

21. 동시이행관계에 있는 경우
① 계약의 **무효, 취소, 해제**로 인한 양당사자의 의무
② **전세권소멸시, 임대차종료시** 양당사자의 의무
③ 부동산 **매매계약**에서 매수인이 양도소득세를 부담하기로 약정한 경우
④ 부동산 **매매계약**에서 매수인이 부가가치세를 부담하기로 약정한 경우
⑤ 가압류등기가 있는 부동산의 **매매계약**
⑥ 저당권이 설정된 부동산의 **매매계약**
⑦ 가등기담보에서 채권자의 **청산금지급의무와** 채무자의 목적부동산에 대한 **본등기 및 인도의무**
⑧ **구분소유적 공유관계가 해소되는 경우**, 공유지분권자 상호간의 지분이전등기의무

> **핵심 사례**

04 매도인 甲과 매수인 乙은 X토지를 1억원에 매매하기로 합의하였고, 乙은 甲에게 1억원의 대여금채권을 가지고 있다. 다음 설명 중 옳은 것은?

① 甲이 **이행제공을 하지 않은 경우**, 乙은 甲에게 동시이행항변권을 **행사하지 않더라도 지체책임을 지지 않는다.**

② 甲은 동시이행항변권이 있는 매매대금채권을 가지고 乙의 대여금채권과 **상계할 수 있다.**

③ 甲의 **매매대금채권**에 관하여 甲의 채권자 丙이 **압류 및 추심명령을 받은 경우**, 乙은 丙에게 **동시이행항변권을 행사할 수 없다.**

④ 甲이 이행제공을 하여 乙이 수령지체에 빠진 경우, 후에 甲이 재차 **이행제공 없이** 乙에게 청구하더라도 乙은 **동시이행항변권을 행사할 수 없다.**

⑤ 만일 甲이 소유권이전에 관하여 **선이행의무**를 부담하는 경우, 乙의 **변제기가 도래**하더라도 甲은 **동시이행항변권을 행사할 수 없다.**

04 | 제3자를 위한 계약

> • 계약체결당시 ⇨ 제3자는 특정 불요

1. 계약체결 당시에 **수익자가 특정되어 있지 않으면** 제3자를 위한 계약은 **성립할 수 없다.** (×)

2. 제3자의 **수익의 의사표시**는 제3자를 위한 **계약의 성립요건이 아니다.**

> • 제3자 ⇨ **계약당사자** ×
> ① 해제권(원상회복청구), 취소권 ×
> ② 손해배상청구권 ○

3.** **수익자**는 계약의 **해제권**이나 해제를 원인으로 한 **원상회복청구권이 없다.**

4.** **수익자**는 낙약자의 채무불이행을 이유로 계약을 **해제할 수 있다.** (×)

5.** 요약자의 채무불이행으로 낙약자가 계약을 **해제**한 경우, 낙약자는 이미 지급한 **대금의 반환을 수익자에게 청구할 수 있다.** (×)

6.** 낙약자의 채무불이행으로 계약이 해제된 경우, **수익자는** 낙약자에게 **손해배상을 청구할 수 있다.**

7. 제3자를 위한 도급계약에서 수익의 의사표시를 한 제3자가 그 계약에 따라 완성된 목적물의 하자로 인해 손해를 입은 경우, 특별한 사정이 없는 한 **낙약자는 제3자에게** 해당 **손해를 배상할 의무가 있다.**

> • 선의의 제3자 보호규정 ⇨ 적용 ×

8.** **요약자와 낙약자의 계약**이 허위표시로서 **무효**인 경우, 낙약자는 그 무효를 이유로 **선의의 제3자에게도 대항할 수 있다.**

9.** **요약자와 낙약자의 계약**이 요약자의 **착오로 취소된 경우**, 제3자는 취소로써 대항할 수 없는 **제3자의 범위에 속한다.** (×)

- 요약자와 낙약자의 관계(보상관계, 기본관계) ⇨ 계약의 효력에 영향 ○, 대항 ○

10. ★★ 낙약자는 **요약자와의 계약**에서 발생한 동시이행의 항변으로 제3자에게 **대항할 수 있다.**

11. ★★ 낙약자는 **기본관계**에 기한 항변으로 제3자에게 **대항할 수 없다.** (×)

12. ★★ 낙약자는 **요약자와의 계약에 기한 동시이행의 항변으로** 제3자에게 **대항할 수 없다.** (×)

- 요약자와 제3자의 관계(대가관계) ⇨ 계약의 효력에 영향 ×, 대항 ×

13. ★★ 낙약자는 **요약자와 제3자 간의 법률관계**에 기한 항변으로 제3자에게 **대항하지 못한다.**

14. ★★ 요약자는 **대가관계의 부존재를 이유로** 자신이 기본관계에 기하여 낙약자에게 부담하는 채무의 **이행을 거부할 수 있다.** (×)

- 수익의 의사표시 후
① 합의로 변경, 소멸 ×
② 요약자는 해제, 취소 ○

15. 제3자가 하는 **수익의 의사표시의 상대방은 낙약자이다.**

16. ★★ 제3자가 **수익의 의사표시를 한 후**, 요약자와 낙약자는 계약을 **합의로 해제할 수 없다.**

17. ★★ 제3자의 **수익의 의사표시 후** 특별한 사정이 없는 한 계약당사자의 **합의로** 제3자의 권리를 **변경시킬 수 있다.** (×)

18. ★ 요약자와 낙약자의 합의에 따라 제3자의 권리를 소멸시킬 수 있음을 **미리 유보한 경우**에는 제3자의 수익의 의사표시 후에도 제3자의 권리를 **소멸시킬 수 있다.**

19. ★★ **요약자는 제3자의 동의 없이도** 낙약자의 채무불이행을 이유로 계약을 **해제할 수 있다.**

20. ★★ **요약자는** 낙약자의 채무불이행을 이유로 **제3자의 동의 없이** 계약을 **해제할 수 없다.** (×)

- 최고 ⇨ 확답 × ⇨ 거절

★
21. 낙약자가 상당한 기간을 정하여 제3자에게 수익 여부의 확답을 **최고**하였음에도 그 기간 내에 확답을 받지 못한 때에는 제3자가 **수익의 의사를 표시한 것으로 본다.** (×)

- 채무면제계약 ⇨ 제3자를 위한 계약 ○

22. 계약당사자가 **제3자**에 대하여 가진 채권에 관하여 그 **채무를 면제하는 계약**은 제3자를 위한 계약으로 볼 수 있다.

- 병존적(중첩적) 채무인수 ⇨ 제3자를 위한 계약 ○

23. 채무자와 인수인 사이의 계약으로 인한 **병존적 채무인수**는 제3자를 위한 계약으로 볼 수 있다.

핵심 사례

05 甲은 乙에게 자신의 아파트를 매도하면서 매매대금은 乙이 직접 甲의 채권자인 丙에게 지급하기로 약정하였고, 그 후 丙은 乙에게 수익의 의사를 표시하였다. 이에 관한 설명으로 옳은 것은?

① 甲이 乙에게 매매계약에 따른 **이행을 하지 않더라도**, 乙은 특별한 사정이 없는 한 丙에게 대금지급을 거절할 수 없다.
② 乙은 甲과 丙 사이의 계약이 무효라는 것을 이유로 丙의 지급요구를 거절할 수 있다.
③ 乙의 채무불이행이 있는 경우, 甲은 丙의 동의 없이도 매매계약을 해제할 수 있다.
④ 甲이 乙의 채무불이행을 이유로 매매계약을 해제한 경우, 丙은 乙에게 손해배상을 청구할 수 없다.
⑤ 甲의 채무불이행으로 乙이 매매계약을 해제한 경우, 乙은 이미 지급한 대금의 반환을 丙에게 청구할 수 있다.

05 | 해 제

> • 약정해제권을 행사 ⇨ 이자 ○, 손해배상청구 ✕

1. **약정해제권을 행사한 경우**, 특약이 없는 한 원상회복으로 인한 **이자는 청구할 수 있으나 손해배상청구는 할 수 없다.**

> • 이행지체 ⇨ **최고 후 해제** ○

2. 매도인이 이행제공을 하였으나 **매수인이 잔금을 지급하지 않은 경우**, 매도인은 **즉시 매매계약을 해제할 수 있다.** (✕)

> • 채무자가 이행거절의사를 명백히 표시 ⇨ 즉시 해제 ○

3. 채무자가 미리 **이행거절의사를 명백히 표시한 때**에는 채권자는 **최고할 필요도 없으며, 이행기를 기다릴 필요도 없이** 해제할 수 있다.

> • 채무자가 이행거절의사를 명백히 표시 ⇨ 적법 철회 ⇨ 최고 후 해제 ○

4. 채무자가 이행**거절**의사를 명백히 표시하였다가 이를 **적법하게 철회**했더라도 그 상대방은 **최고 없이 계약을 해제할 수 있다.** (✕)

> • 정기행위를 지체 ⇨ 즉시 해제 ○

5. **정기행위**에 있어서는 이행기에 이행하지 않으면 **최고 없이 해제할 수 있다.**

> • 이행불능 ⇨ 즉시 해제 ○

6. 채무자의 책임 있는 사유로 채무의 **이행이 불능**으로 된 경우, 채권자는 **최고 없이 계약을 해제할 수 있다.**

7. 소유권이전등기의무의 **이행불능**을 이유로 매매계약을 **해제**함에 있어서는 잔대금지급의무의 **이행의 제공을 필요로 한다.** (✕)

> • 수인 ⇨ 불가분성

8. 계약의 상대방이 **수인**인 경우, 해제는 그 **전원**에 대하여 해야 한다. ★

9. 당사자가 **수인**인 경우, 해제는 **그 1인에 대하여 하더라도 효력이 있다.** (×) ★

10. 해제권자가 **수인**인 경우, 1인의 해제권이 **소멸하면 다른 당사자도 소멸한다.** ★

10-1. 당사자의 일방이 **2인**인 경우, 특별한 사정이 없는 한 그 중 1인이 **해제권이 소멸**하더라도 **다른 당사자**의 해제권은 **소멸하지 않는다.** (×)

> • 해제 ⇨ 소급 소멸
> ① 미이행채무 ⇨ 소멸
> ② 등기 ⇨ 소급 무효
> ③ 금전반환 ⇨ **받은 날로부터 이자**(법정이자)
> ④ 물건반환 ⇨ 과실도 반환

11. **채무를 불이행한 채무자도** 당해 계약이 상대방의 **해제로 소멸**되었음을 이유로 **이행을 거절할 수 있다.** ★

12. **해제**에 따른 매도인의 **등기청구권은 소멸시효에 걸리지 않는다.**

13. **해제로 인한 원상회복의무는** 부당이득반환의무의 성질을 가지고, 그 반환의무의 범위는 선의·악의를 불문하고 **받은 이익 전부이다.** ★★

14. 계약이 **해제**된 경우 금전을 수령한 자는 **해제한 날부터** 이자를 가산하여 반환하여야 한다. (×) ★

15. 이행지체로 인해 매매계약이 **해제**된 경우, **선의의 매수인은** 매매목적물로부터 취득한 **과실을 반환할 의무가 없다.** (×) ★

> • **채무불이행** ⇨ **손해배상청구** ○

16. 계약의 해제는 **손해배상청구에 영향을 미치지 않는다.**

17. **채무를 불이행한 채무자는** 해제로 인한 **원상회복의무를 모두 이행**한 경우에는 **별도의 손해배상책임을 부담하지 않는다.** (×) ★

> • 합의해제 ⇨ 이자 ×, 손해배상청구 ×

18. 매도인은 다른 약정이 없으면 **합의해제**로 인하여 반환할 금전에 그 받은 날로부터 **이자를 가산하여야 할 의무가 있다.** (×)

19. 계약이 **합의해제**된 경우, 다른 사정이 없는 한 채무불이행으로 인한 **손해배상을 청구할 수 없다.**

20. 합의해지로 인하여 반환할 금전에 대해서는 특약이 없더라도 그 받은 날로부터 **이자를 가산해야 한다.** (×)

21. **합의해제에 따른 매도인의 원상회복청구권**은 소유권에 기한 물권적 청구권으로서 **소멸시효의 대상이 되지 않는다.**

22. 합의해제의 소급효는 법정해제의 경우와 같이 **제3자의 권리를 해하지 못한다.**

23. **매도인이** 해제를 주장하며 **수령한 대금을 공탁하고 매수인이 이의 없이 수령한 경우**, 특별한 사정이 없는 한 **합의해제된 것으로 본다.**

24. 계약이 **일부이행**된 경우, 그 **원상회복**에 관하여 **의사가 일치되지 않아도** 계약의 **묵시적 합의해제가 인정될 수 있다.** (×)

> • 해제와 제3자 보호
> ① 완전한 권리를 취득한 자
> ② **부동산에 등기, 등록한 자** ⇨ 제3자 보호 ○
> ③ **채권을 양수, 압류, 가압류한 자** ⇨ 제3자 보호 ×
> ④ 해제 후 선의의 제3자 ⇨ 제3자 보호 ○

25. 소유권이전등기를 경료받은 매수인으로부터 그 부동산을 매수하여 소유권이전청구권 보전을 위한 **가등기를 마친 자는** 해제로 인하여 보호받는 **제3자에 해당된다.**

26. 매도인은 매매계약에 의하여 채무자의 책임재산이 된 **부동산을** 계약해제 전에 **가압류한 채권자에게** 해제의 소급효로 **대항할 수 있다.** (×)

27. 주택에 대한 매매계약의 해제로 소유권을 상실하게 된 **매수인으로부터** 해제되기 전에 주택을 임차하여 **대항요건을 갖춘 임차인은** 해제로 인하여 보호받는 **제3자에 해당된다.**

28. **미등기 무허가건물**에 관한 매매계약이 해제되기 전에 매수인으로부터 무허가건물을 다시 매수하고 **무허가건물관리대장에 소유자로 등재된 자**는 해제로 인하여 보호받는 **제3자에 해당하지 않는다.**

29. 토지매수인으로부터 그 토지 위에 신축된 **건물을 매수한 자**는 **토지매매계약의 해제로** 인하여 보호받는 **제3자에 해당한다.** (×)

30. 계약이 **해제**된 경우, 해제되기 이전에 계약상의 **채권을 압류한 자**는 **제3자에 해당되지 않는다.**

31. **매매대금채권이 양도된 후** 매매계약이 **해제**된 경우, 그 **양수인**은 해제로 권리를 침해당하지 않는 **제3자에 해당한다.** (×)

32. 매매계약이 적법하게 **해제**된 경우, 해제 전에 매수인의 **소유권이전등기청구권을 압류한 자**는 해제로부터 보호되는 **제3자에 해당하지 않는다.**

33. 계약이 **해제된 후** 매수인으로부터 **제3자**가 매수하고 **등기를 경료한 경우, 선의의 제3자**는 **소유권을 취득할 수 있다.**

34. 해제된 계약으로부터 생긴 법률효과에 기초하여 **해제 후 말소등기 전에 새로운 이해관계를 맺은 제3자**는 그 **선의·악의를 불문하고** 해제에 의하여 영향을 받지 않는다. (×)

> **핵심 사례**

06 甲은 乙에게 중도금만 받은 상태에서 자신의 건물을 매도하고 인도 및 이전등기를 해주었다. 그 후 乙의 채무불이행을 이유로 甲이 해제한 경우, 다음 중 틀린 것은?
① 乙명의의 소유권이전등기가 **말소되지 않더라도** 甲은 건물의 **소유권을 회복한다.**
② 甲이 乙에게 잔금지급을 청구하는 경우, **계약을 위반한 乙도** 당해 계약이 **해제로 소멸**되었음을 들어 그 **이행을 거절할 수 있다.**
③ 乙은 원상회복의무로 甲에게 건물로부터 취득한 **과실을 반환해야 한다.**
④ 甲은 중도금반환과 서로 동시이행관계에 있는 乙의 이행제공이 없더라도 **대금을 받은 날로부터 이자를 지급할 의무가 있다.**
⑤ 乙이 丙에게 매도하고 **이전등기를 해준 뒤 甲이 해제한 경우**, 丙이 乙과의 계약 당시 乙의 채무불이행 사실을 알았다면 甲은 丙에게 등기의 말소를 청구할 수 있다.

06 | 계약금

> • 요물계약 ⇨ 계약금이 완납된 때 성립

1. 계약금의 일부만 지급된 경우, 수령자는 **실제 지급된 계약금의 배액을 상환**하고 계약을 해제할 수 있다. (×)

> • 종된 계약 ⇨ 매매계약이 무효 ⇨ 계약금계약도 무효

2. 매매계약이 취소되더라도 **계약금계약의 효력은 소멸하지 않는다.** (×)

> • 특약이 없는 한 ⇨ 해약금으로서의 성질 ○
> ① **해약금에 의한 해제** ⇨ **이행의 착수하기 전(중도금지급 전)까지만 가능**
> ② 매수인 ⇨ 계약금을 포기하고 해제 ○
> ③ 매도인 ⇨ 계약금의 배액을 상환해야 해제 ○ ⇨ 제공 ○, 공탁 ×
> ④ 중도금지급기일 전에 중도금지급 ⇨ 이행의 착수 ○
> ⑤ **토지거래허가, 소송제기** ⇨ **이행의 착수** ×
> ⑥ 해약금에 의한 해제 ⇨ 원상회복의무 ×, 손해배상 ×

3. 해약금에 의한 해제권은 당사자의 **합의로 배제할 수 있다.**

4. 계약당사자가 계약금에 기한 해제권을 **배제하기로 약정**을 하더라도, 각 당사자는 **계약금에 기한 해제권을 행사할 수 있다.** (×)

5. 매도인이 전혀 이행에 착수하지 않은 경우에는 매수인은 **중도금을 지급**하였더라도 **계약금을 포기하고 해제할 수 있다.** (×)

6. 매수인은 특별한 사정이 없는 한 **이행기 전에 이행에 착수할 수 있다.**

7. 매수인이 **중도금지급기일 전에 중도금을 지급**한 경우, 특별한 사정이 없는 한 매도인은 **계약금 배액을 제공하고 해제할 수 있다.** (×)

8. 매도인은 해약금에 의한 해제를 하려면 매수인에게 계약금 배액을 제공하여야 하고, 매수인이 이를 수령하지 않으면 **공탁하여야 한다.** (×)

9. **토지거래허가구역** 안의 토지에 관하여 매매계약이 체결된 후 계약금을 수수한 상태에서 **허가를 받은 경우, 이행의 착수로 볼 수 없다.**

10. **토지거래허가구역 내** 토지에 관한 매매계약을 체결하고 계약금만 지급한 상태에서 **허가를 받은 경우**, 다른 약정이 없는 한 매도인은 **계약금의 배액을 상환하고** 계약을 **해제할 수 없다.** (×)

11. 매도인이 매수인에게 매매잔대금의 지급을 구하는 **소송을 제기한 것만으로는 이행의 착수로 볼 수 없다.**

12. 계약금만 수령한 매도인이 매수인에게 계약의 이행을 최고하고 매매잔금의 지급을 청구하는 **소송을 제기한 경우**, 매수인은 **계약금을 포기하고 해제할 수 없다.** (×)

13. **해약금**에 의한 **해제**를 한 경우, **원상회복의무**는 발생할 여지가 **없다.**

14. 매도인이 **계약금의 배액을 상환하고 해제**한 경우, 매수인은 매도인에게 **원상회복을 이유로 이자를 청구할 수 있다.** (×)

15. **계약금 포기에 의한 해제**의 경우, 상대방은 채무불이행을 이유로 **손해배상을 청구할 수 있다.** (×)

- **위약금특약** ○ ⇨ 손해배상액의 예정으로서의 성질 ○
- ① 매수인의 채무불이행을 이유로 해제 ○ ⇨ 매도인이 계약금을 몰취 ○
- ② 매도인의 채무불이행을 이유로 해제 ○ ⇨ 매수인이 계약금의 배액을 청구 ○

16. 계약금을 **위약금**으로 하는 당사자의 **특약이 있으면** 계약금은 **위약금의 성질이 있다.**

17. 수수된 계약금을 **위약금**으로 한다는 **약정이 없는 경우에도 손해배상액의 예정으로서의 성질을 갖는다.** (×)

18. **매수인이 위반할 경우에 관하여만 위약금약정**을 했더라도, **매도인의 채무불이행이 있으면** 매수인은 매도인에게 위약금으로 **계약금 배액을 청구할 수 있다.** (×)

핵심 사례

07 乙은 甲 소유의 X토지를 3억원에 매수하면서 계약금으로 3천만원을 甲에게 지급하기로 약정하고, 그 즉시 계약금 전액을 甲의 계좌로 입금하였다. 이에 관한 설명으로 **틀린 것은?** (다툼이 있으면 판례에 따름)

① 乙의 채무불이행을 이유로 甲이 매매계약을 해제한 경우, **위약금특약이 없는 한** 甲은 계약금을 **몰취할 수 없다.**

② 乙이 **중도금 일부의 지급에 갈음하여** 丙에 대한 대여금채권을 甲에게 양도하기로 약정하고 그 자리에 丙도 참석한 경우, 甲은 **6천만원을 상환하고 해제를 할 수 없다.**

③ 甲이 乙에게 매매대금의 지급을 구하는 **소송을 제기한 경우**, 乙은 3천만원을 **포기하고 해제할 수 있다.**

④ 甲이 乙에게 6천만원을 상환하고 매매계약을 해제하려는 경우, 乙이 6천만원을 수령하지 않은 때에는 甲은 이를 **공탁해야** 유효하게 해제할 수 있다.

⑤ 만약 X토지가 **토지거래허가구역** 내의 토지이고 매매계약이 **허가를 받기 전 유동적 무효상태인 경우**, 乙은 3천만원을 **포기하고** 매매계약을 **해제할 수 있다.**

07 | 매 매

- 타인권리매매 ⇨ 유효

1. 매도인이 매수인에게 현존하는 **타인 소유의 물건을 매도**하기로 약정한 경우, 그 **매매계약은** 원시적 불능에 해당하여 **효력이 없다.** (×)

- 채무이행비용 ⇨ 채무자가 부담, 계약체결비용 ⇨ 쌍방이 균분하여 부담

2. 매매**계약**에 관한 **비용**은 특약이 없는 한 **매수인이 전부 부담한다.** (×)

- 과실과 이자

3. 매매계약이 성립함과 동시에 목적물로부터 생긴 **과실은 매수인에게 속한다.** (×)

4. 매매계약 후 목적물이 인도되지 않더라도 **매수인이 대금을 완제한 때**에는 그 시점 이후 목적물로부터 생긴 **과실은 매수인에게 귀속된다.**

★
5. **매수인이 대금지급을 거절할 정당한 사유가 있는 경우**, 매수인은 목적물을 미리 인도받더라도 대금에 대한 **이자를 지급할 의무가 없다.**

★
6. 매수인이 매매목적물을 대금지급 전에 인도받았다면 대금지급의무와 소유권이전등기의무가 **동시이행관계에 있더라도** 매매대금에 대한 **이자를 지급할 의무가 있다.** (×)

- 매도인의 담보책임 ⇨ 무과실책임, 임의규정

7. 담보책임은 매도인의 과실이 없더라도 책임을 지는 **무과실책임이다.**

8. **매도인의 고의·과실은** 하자담보책임의 **성립요건이다.** (×)

9. 담보책임의 **면제특약은 유효**이나, 하자의 존재를 **매도인이 알고** 이를 매수인에게 **고지하지 않은 경우**에는 그 책임을 **면할 수 없다.**

- 매수인이 **악의**인 때에도 담보책임이 인정되는 경우
① **전부타인권리** ⇨ **해제권**
② **일부타인권리** ⇨ **대금감액청구권**
③ **저당권**·전세권의 행사 ⇨ **해제권과 손해배상청구권**

10. **전부타인**권리매매에서 **악의의 매수인은 해제할 수 없다.** (×)

11. **전부타인**권리매매에서 **매수인은 선의인 경우에 한하여** 매도인에게 **손해배상책임을 물을 수 있다.**

12. **전부타인**권리매매에서 매도인은 선의의 매수인에 대하여 **불능 당시의 시가를** 표준으로 **이행이익을 배상할 의무가 있다.**

12-1. 매도인의 책임 있는 사유로 **이행불능**이 되어 매수인이 계약을 해제한 경우의 손해배상은 **해제시 목적물의 시가를** 기준으로 그 손해를 산정한다. (×)

13. **일부타인**권리매매에서 **선의의 매수인은** 대금감액청구와 함께 **손해배상청구도 할 수 있다.**

14. **일부타인**권리매매에서 **악의의 매수인은 대금감액청구를 할 수 없다.** (×)

15. 매매목적인 권리 일부가 타인에게 속한 경우, **선의의** 매수인은 **계약한 날로부터 1년** 내에 대금감액을 청구해야 한다. (×)

16. 목적물이 일정한 면적을 가지고 있다는 데 주안을 두고 **대금도 면적을 기준으로** 정하여지는 아파트 분양계약은 특별한 사정이 없는 한 **수량지정매매에 해당한다.**

17. **수량**을 지정한 매매의 목적물이 **부족**한 경우, **악의의 매수인은** 대금감액을 청구할 수 있다. (×)

18. 매매목적물의 **일부가** 계약 당시에 **이미 멸실**되어 매도인이 그 부분을 이전할 수 없는 경우, **악의의 매수인은** 대금감액을 청구할 수 **없다.**

19. 계약당시 **전세권이 이미 존재**한 경우, **선의의 매수인은** 이로 인하여 **계약목적을 달성할 수 없는 경우에 한하여 해제할 수 있다.**

19-1. 매매목적물이 **유치권**의 목적이 되어 있는 경우, **계약의 목적을 달성할 수 있더라도** 선의의 매수인은 계약을 **해제할 수 있다.** (×)

20. 토지에 설정된 **저당권의 실행**으로 매수인이 소유권을 취득할 수 없게 된 경우, **악의의 매수인은** 계약해제와 손해배상을 청구할 수 **있다.**

21. 매매의 목적 부동산에 설정된 **저당권 행사**로 매수인이 그 소유권을 취득할 수 없는 경우, 저당권설정 사실에 관하여 **악의의 매수인은** 손해배상을 청구할 수 **없다.** (×)

21-1. 계약 당시 제3자명의로 **가등기**가 경료되어 있었는데, 그 후 **본등기**의 경료로 매수인이 소유권을 상실한 경우, **매수인은 악의라도** 계약해제와 손해배상을 청구할 수 **있다.**

21-2. 계약 당시 제3자 명의로 가압류등기가 경료되어 있었는데, 그 후 **경매**로 매수인이 소유권을 상실한 경우라면 **매수인은 악의라도** 계약해제와 손해배상을 청구할 수 **있다.**

• 경매와 담보책임
1. 경매절차가 무효 ⇨ 담보책임 ×
2. 물건의 하자, 법률상 장애 ⇨ 담보책임 ×
3. 권리의 하자 ⇨ 담보책임 ○
① 1차적 책임 ⇨ 채무자
② 2차적 책임 ⇨ 채무자에게 자력이 없는 경우 ⇨ 채권자

---

22. **경매절차가 무효**인 경우에도, 경매목적부동산의 권리의 하자를 이유로 경락인은 채무자에게 **손해배상을 청구할 수 있다.** (×)

23. **경매절차**에서 취득한 **물건에 하자**가 있는 경우, 그에 대하여 **담보책임을 물을 수 없다.**

24. **경매**로 취득한 재산에 **권리의 하자**가 있는 경우, **1차적**으로 담보책임을 지는 자는 **채무자**이다.

• 하자담보책임(물건의 하자, 법률상 제한, 법률적 장애)
① 선의·무과실
② 안 날로부터 6월
③ 경매 ⇨ 적용 ×

---

25. 토지에 대해 **법령상의 제한**으로 건물신축이 불가능하면 이는 **매매목적물의 하자**에 해당한다.

26. 건축목적으로 매매된 토지에 대하여 건축허가를 받을 수 없는 경우, 이와 같은 **법률적 제한은 권리의 하자에 해당한다.** (×)

27. 건축목적으로 매매된 토지가 **관련법령상 건축허가를 받을 수 없는 경우**, 그 하자의 유무는 **계약성립시를 기준**으로 판단한다.

28. 매매목적물에 하자가 있는 지의 여부는 **목적물의 인도시를 기준**으로 판단한다. (×)

29. **목적물의 하자**로 인하여 계약의 목적을 달성할 수 없는 매수인은 하자를 **안 날로부터 1년** 내에 해제할 수 있다. (×)

> 핵심 사례

08 甲이 200평의 토지를 乙에게 매도하는 계약을 체결하였다. 다음 설명 중 틀린 것은?

① 토지 **전부가 丙의 소유**이고 甲이 乙에게 이전할 수 없는 경우, **악의인 乙은** 계약을 **해제할 수 있다.**
② 토지의 **20평이 丙의 소유**이고 甲이 이를 乙에게 이전할 수 없는 경우, **악의인 乙은 대금감액을 청구할 수 있다.**
③ **수량을 지정**하여 매매하였으나 토지를 측량해 본 결과 180평인 경우, **악의인 乙은 대금 감액을 청구할 수 없다.**
④ 토지 위에 **유치권**이 존재하고 있는 경우, **계약의 목적을 달성할 수 있더라도 선의인** 乙은 계약을 **해제할 수 있다.**
⑤ 토지 위에 설정된 **저당권의 실행**으로 乙이 그 토지의 소유권을 취득할 수 없게 된 경우, **악의인 乙은** 손해배상을 청구할 수 **있다.**

09 甲은 乙소유 건물을 丙에게 매도하였으나, 그 소유권을 취득하여 丙에게 이전할 수 없게 되었다. 이에 관한 설명으로 옳은 것을 모두 고른 것은?

> ㄱ. 계약체결 당시 丙이 **악의**인 경우에는 丙은 계약을 **해제할 수 없다.**
> ㄴ. 계약체결 당시 丙은 **선의인 경우에 한하여** 甲에게 **손해배상을 청구할 수 있다.**
> ㄷ. 선의인 丙은 안 날로부터 **1년 내에** 담보책임상의 권리를 행사하여야 한다.

① ㄱ   ② ㄴ   ③ ㄷ
④ ㄱ, ㄴ   ⑤ ㄴ, ㄷ

08 | 환매와 예약완결권

> • 환매특약 ⇨ 매매계약과 동시 ○

1. **환매특약은** 매매계약의 성립과 **반드시 동시에** 하여야 한다.

> • 환매기간
> ① 부동산 ⇨ 5년
> ② 합의로 연장 ×

2. **부동산**에 대하여 환매기간을 약정하지 아니한 경우, 그 기간은 **5년**으로 본다.

3. 환매기간을 정한 경우에도 당사자 간의 **합의로 연장할 수 있다.** (×)

> • 과실과 이자 ⇨ 상계 ○

4. 특약이 없는 한 환매목적물의 **과실**과 대금의 **이자는 상계한 것으로 본다.**

5. 특약이 없는 한 매도인이 환매권을 행사하기 위해서는 매매대금에 대한 **이자를 매수인에게 지급해야 한다.** (×)

> • 환매특약
> ① 등기 ○ ⇨ 제3자에게 대항 ○
> ② 환매특약등기 ○ ⇨ 처분금지적 효력 ×

6. 부동산에 관한 **환매특약은 등기 없이도** 제3자에게 **대항할 수 있다.** (×)

★
7. **환매특약등기가 된 후** 매수인으로부터 그 부동산을 **다시 매수한 제3자가 소유권이전등기를 한 경우에는 환매권자는 그 제3자에 대하여 환매권을 행사할 수 있다.**

★★
8. **환매특약등기가 된 후** 그 부동산 **매수인은** 그로부터 **다시 매수한 제3자에 대하여** 환매특약등기를 이유로 **소유권이전등기절차 이행을 거절할 수 없다.**

- 매도인이 환매권을 행사 ○ ⇨ 등기 ○ ⇨ 권리취득 ○

9. 매도인이 환매기간 내에 환매의 의사표시를 하면, **매도인은** 환매에 의한 권리취득의 **등기를 하지 않아도** 그 부동산을 가압류 집행한 자에 대하여 **권리취득을 주장할 수 있다.** (×)

- **예약완결권**
  ① 행사기간을 약정 ○ ⇨ 약정기간 내에 행사
  ② 행사기간을 약정 × ⇨ 10년 내에 행사
  ③ **행사기간 내에 행사 × ⇨ 제척기간 경과로 소멸**

10. 당사자들이 **약정한 예약완결권의 행사기간**은 그 매매예약이 성립한 때부터 10년을 초과하더라도 무방하다.

11. 당사자들이 예약완결권의 행사기간을 **20년으로 약정**한 경우, 그 행사기간은 **10년으로 단축된다.** (×)

12. 당사자가 예약완결권의 **행사기간을 약정하지 않은 경우**, 완결권은 예약이 성립한 때로부터 **10년 내에 행사**되어야 하고, 그 기간을 지난 때에는 제척기간의 경과로 소멸한다.

13. 예약완결권의 행사기간 도과 전에 예약완결권자가 예약 목적물인 **부동산을 인도받은 경우**, 그 기간이 도과되더라도 예약완결권은 소멸되지 않는다. (×)

14. 예약완결권을 재판상 행사하는 경우, **소장부본이 제척기간 내에 상대방에게 송달되어야만** 제척기간 내에 행사한 것으로 본다.

15. 매매의 일방예약은 예약완결권자가 매매를 **완결할 의사를 표시하는 때에** 매매의 효력이 생긴다.

16. 예약완결권자가 예약완결권을 행사하면 매매는 **예약체결시로 소급하여** 효력이 발생한다. (×)

17. 매매예약 성립 후 **예약완결권의 행사 전에** 상대방의 매매목적물이 **멸실된 경우**, 매매예약 완결의 의사표시가 있더라도 **매매의 효력이 생기지 않는다.**

- 환매권, 예약완결권 ⇨ 양도 ○

18. 환매권은 **양도할 수 없는** 일신전속권이다. (×)

19. 예약완결권은 재산권이므로 특별한 사정이 없는 한 타인에게 **양도할 수 있다.**

핵심 사례

10 甲은 자기 소유 X토지를 3억원에 乙에게 매도하면서 동시에 환매할 권리를 보유하기로 약정하고 乙이 X토지에 대한 소유권이전등기를 마쳤다. 이에 관한 설명으로 **틀린 것은?** (다툼이 있으면 판례에 따름)

① 甲과 乙이 환매기간을 정하지 아니한 경우 그 기간은 **5년**으로 한다.
② 甲은 환매기간 내에 그가 **수령한 3억원과 乙이 부담한 매매비용을 반환하고** X토지를 환매할 수 있다.
③ 甲이 환매기간 내에 환매권을 행사하여 발생한 **소유권이전등기청구권**은 특별한 사정이 없는 한 그 **환매기간 내에 행사하지 않으면 소멸한다.**
④ 甲이 환매기간 내에 환매의 의사표시를 하더라도, **甲은** 권리취득의 **등기를 하지 않으면** 그 부동산을 가압류 집행한 자에 대하여 **권리취득을 주장할 수 없다.**
⑤ 甲의 환매등기 후 丙이 乙로부터 X토지를 매수한 경우, 乙은 환매등기를 이유로 丙의 X토지에 대한 소유권이전등기청구를 거절할 수 없다.

11 甲은 2010. 1. 1. 乙과 乙의 토지에 관하여 매매예약을 하였다. 이에 관한 설명으로 **틀린 것은?** (다툼이 있으면 판례에 따름)

① **특별한 약정이 없으면** 甲의 예약완결권의 행사기간은 **10년**이다.
② 甲과 乙이 **합의로** 예약완결권의 행사기간을 **20년으로 정했다면** 그 행사기간은 **20년이 된다.**
③ 甲이 행사기간 내에 예약완결권을 행사하면 **乙의 승낙 없이도 그 때부터** 매매의 효력이 발생한다.
④ 예약완결권의 행사기간이 도과되기 전에 甲이 토지를 인도받은 경우에도 **행사기간이 도과되면 甲의 예약완결권은 소멸한다.**
⑤ 甲과 乙이 **합의로** 예약완결권 행사의 **기산일을** 2012. 1. 1.로 **정했다면** 그 기산일은 **2012. 1. 1.이다.**

09 | 임대차

> • 존속기간 ⇨ 최장기간 ×, 최단기간 ×

1. 임차기간을 **영구**로 정한 임대차약정은 특별한 사정이 없는 한 **허용된다.**

2. 임대차**기간의 약정이 없는 경우**, 양 당사자는 **언제든지 해지통고를 할 수 있다.**

3. 기간의 약정이 없는 토지임대차의 **임대인이** 임대차계약의 **해지를 통고한 경우**, 그 해지의 효력은 임차인이 통고를 받은 날부터 **1개월 후에 발생한다.** (×)

> • 법정갱신(묵시의 갱신) ⇨ 기간약정 ×

4. 토지임대차가 **법정갱신**된 경우, **존속기간은 정함이 없는 것으로 본다.**

5. 임대차가 **묵시의 갱신**이 된 경우, 전임대차에 대해 **제3자가 제공한 담보는** 원칙적으로 **소멸하지 않는다.** (×)

> • 건물소유를 목적으로 한 토지임대차 ⇨ 임차권등기 또는 **건물등기** ⇨ **대항력** ○

★★
6. 건물소유를 목적으로 한 토지임대차를 등기하지 않았더라도, 임차인이 그 **지상건물의 보존등기를** 하면, 토지임대차는 제3자에 대하여 효력이 생긴다.

★★
7. 건물소유를 목적으로 한 토지임차인은 **건물등기**가 되어 있더라도 토지임차권이 등기되어 있지 않는 한 **토지양수인에게 매수청구권을 행사할 수 없다.** (×)

> • 임대인이 보존행위 ⇨ 임차인은 거절 ×

8. 다른 약정이 없는 한, 임대인의 행위가 임대물의 **보존에 필요한 행위**라도 임차인은 이를 **거절할 수 있다.** (×)

8-1. **임대인이** 임차인의 의사에 반하여 **보존행위를 하는 경우, 임차인이** 이로 인하여 **임차목적을 달성할 수 없는 때에는** 임대차계약을 **해지할 수 있다.**

> - 차임
> ① 2기 연체 ⇨ 해지 ○
> ② 차임증감청구권 ⇨ 일시사용 적용 ×

★
9. 연체차임액이 **1기의 차임액**에 이르면 건물임대인이 차임연체로 **해지할 수 있다는 약정은 무효이다.**

10. **차임증감청구권**에 관한 규정은 **일시사용**을 위한 임대차의 경우에도 **적용된다.** (×)

11. 경제사정변동에 따른 임대인의 **차임증액청구**에 대해 **법원이 차임증액을 결정**한 경우, 그 **결정 다음날부터** 지연손해금이 발생한다. (×)

> - 보증금
> ① **임대차관계에서 발생하는 임차인의 모든 채무를 담보**
> ② 연체차임을 보증금에서 공제 ⇨ 임대인이 선택
> ③ 보증금반환과 목적물반환 ⇨ 동시이행관계

★
12. 부동산임대차에서 **보증금**은 임대차관계가 **종료되어 목적물을 반환하는 때까지** 임대차관계에서 발생하는 임차인의 모든 채무를 담보한다.

12-1. 임대인이 임차인을 상대로 차임연체로 인한 임대차계약의 해지를 원인으로 임대차목적물 인도 및 연체차임의 지급을 구하는 **소송비용은** 반환할 **보증금에서 당연히 공제할 수 있다.**

12-2. 임차건물이 양도된 후 **임대차관계가 종료된 경우**, 양수인이 임대인의 지위를 승계하기 전까지 발생한 **연체차임은** 그에 관한 채권양도의 요건을 갖추지 않았다면 **보증금에서 당연히 공제할 수 있는 것은 아니다.** (×)

★
13. **임대차계약이 종료되기 전이라도** 별도의 의사표시 없이 **연체차임은 보증금에서 당연히 공제된다.** (×)

14. **임차인**은 임대차존속 중 그 보증금으로써 연체차임에 충당할 것을 임대인에게 **주장할 수 없다.**

15. 임대차계약에서 **보증금을 지급하였다는** 사실에 대한 **증명책임**은 보증금의 반환을 청구하는 **임차인이 부담한다.**

16. 임대차 종료 후 보증금이 반환되지 않고 있는 한 임차인의 목적물에 대한 점유는 적법점유이므로, **임차인이** 목적물을 계속하여 **사용·수익**하더라도 **부당이득반환의무는 발생하지 않는다.** (×)

16-1. 임차인이 계속 점유하기는 하였으나 이를 **본래의 목적에 따라 사용·수익하지 아니하여 실질적인 이득을 얻은 바 없는 경우에는** 그로 인하여 임대인에게 손해가 발생하였다 하더라도 임차인의 **부당이득반환의무는 성립하지 않는다.**

> 핵심 사례

12 乙은 甲소유의 건물을 임차하면서 甲에게 보증금을 지급하였다. 다음 설명 중 **틀린 것은?** (다툼이 있으면 판례에 따름)

① 임대차계약 존속 중 건물에 **사소한 파손**이 생긴 경우, 乙의 **사용·수익을 방해할 정도가 아니라면** 특별한 사정이 없는 한 **甲은 수선의무를 부담하지 않는다.**
② 甲이 수선의무를 이행함으로써 목적물의 사용·수익에 지장이 초래된 경우, 乙은 **그 지장의 한도 내에서 차임지급을 거절할 수 있다.**
③ **甲의 귀책사유로** 임대차계약이 **해지**된 경우, 원칙적으로 **乙은 원상회복의무를 부담하지 않는다.**
④ **甲은** 보증금반환채권에 대한 전부명령이 송달된 후에 발생한 **연체차임을 보증금에서 공제할 수 있다.**
⑤ 임대차계약이 **종료되면** 乙이 건물을 **반환하는 때까지** 임대차관계에서 발생하는 乙의 **모든 채무는 보증금에서 당연히 공제된다.**

10 | 임차인의 권리

1. 비용상환청구권

- 필요비 ⇨ 존속 중에도 청구 ○, 유익비 ⇨ 종료시 청구 ○

① **필요비**를 지출한 임차인은 임대인에게 **즉시** 그 상환을 청구할 수 있다.
② 임대인이 필요비상환의무를 이행하지 않는 경우, 임차인은 지출한 **필요비 금액의 한도에서 차임의 지급을 거절할 수 있다.**
③ **유익비**상환청구권은 **임대차종료시에** 행사할 수 있다.
③-1 **유익비**상환청구는 **임대차종료시** 가액의 증가가 **현존**한 경우에 한하여 지출금액 또는 증가액을 **임차인의 선택**에 따라 할 수 있다. (×)

- 비용상환청구 ⇨ 6월 내에 행사

④ 임차인의 비용상환청구는 임대인이 **목적물을 반환 받은 날로부터 6개월** 이내에 행사하여야 한다.

- 모든 임차인

⑤ **채무불이행**한 임차인이나 **일시사용**임차인도 **비용상환은 청구할 수 있다.**

- **임의규정** ⇨ 배제특약 ⇨ 유효

⑥ 임차인이 **수선의무**를 부담한다는 **특약**은 임차인에게 불리하므로 **무효**이다. (×)
⑦ **원상복구약정을 한 경우에는** 임차인이 **유익비**상환청구권을 **포기**하기로 **특약**한 것으로 본다.

2. 건물임차인의 부속물매수청구권

> • 독립성, 동의 또는 매수

① 임차목적물의 **구성부분**은 부속물매수청구권의 객체가 될 수 **없다**.
② 부속물은 임차인이 임대인의 **동의**를 얻어 부속하거나 임대인으로부터 **매수**한 것이어야 한다.

> • 건물의 객관적 편익에 제공 ⇨ 임차인의 특수한 영업목적 ×

★
③ 건물의 사용에 객관적 편익을 가져오는 것이 아니더라도 **임차인의 특수목적에 사용하기 위해 부속된 것**은 부속물매수청구권의 대상이 **된다.** (×)

> • 채무불이행으로 해지, 일시사용 ⇨ 매수청구 ×

★★
④ 임차인의 차임연체 등 **채무불이행**을 이유로 임대차가 **해지**된 경우에는 임차인은 **부속물매수청구를 할 수 없다**.
★★
⑤ **일시사용**을 위한 임대차에 있어서는 **부속물매수청구권이 인정되지 않는다**.

> • 편면적 강행규정 ⇨ 특별한 사정이 없는 한 ⇨ 배제특약 무효

★★
⑥ 임대차 기간 중에 **부속물매수청구권을 배제하는** 당사자의 **약정**은 임차인에게 불리하더라도 유효하다. (×)
⑦ **부속물매수청구권을 포기**하기로 하는 **약정**은 차임을 시가보다 **파격적으로 저렴**하게 하는 등 **임차인에게 불리하지 않은 경우**에는 **유효**이다.

3. 토지임차인의 계약갱신청구권과 지상물매수청구권

> • 기간만료, 지상물이 현존 ⇨ 갱신청구 ⇨ 거절 ⇨ 매수청구

★
① 건물소유를 목적으로 한 토지임대차의 **기간이 만료된 경우**, 임차인은 **계약갱신의 청구 없이도** 임대인에게 건물의 **매수를 청구할 수 있다.** (×)

①-1 임차인이 **적법한 건물매수청구권을 행사하면** 임대인의 **승낙 없이도** 건물에 대한 매매계약이 **성립한다.**

> • 기간약정 없는 경우 ⇨ 임대인의 해지통고 ⇨ 갱신청구 없이 매수청구

★
② **기간의 약정이 없는** 토지임대차에서 임대인이 **해지통고**를 한 경우에는 **갱신청구 없이** 곧바로 **지상물매수청구를 할 수 있다.**

> • 채무불이행으로 해지 ⇨ 매수청구 ×, 건물철거 ○

★★
③ 임차인의 **채무불이행**으로 **해지**된 경우에도 지상물이 현존하면 임차인은 **지상물매수청구를 할 수 있다.** (×)

> • 지상물 ⇨ 현존

★
④ 매수청구권의 대상이 되는 **지상물은 임대인의 동의를 얻어** 신축한 것에 **한한다.** (×)

★
⑤ 지상물의 **경제적 가치 유무**나 임대인에 대한 **효용 여부**는 매수청구권의 **행사요건이 아니다.**

★
⑥ **미등기건물**이나 **무허가건물**이더라도 매수청구권의 대상이 **될 수 있다.**

⑦ 임차인은 **저당권이 설정된 건물**에 대해서는 **매수청구권을 행사할 수 없다.** (×)

> • 행사자 ⇨ 지상물의 소유자인 임차인

★
⑧ 지상 **건물을 타인에게 양도한 임차인도** 매수청구권을 **행사할 수 있다.** (×)

⑨ **임대인의 동의를 얻어** 종전 임차인으로부터 임차권과 미등기건물을 **양수한** 임차인은 매수청구권을 **행사할 수 있다.**

- 상대방 ⇨ 임대차종료시 토지소유자인 임대인

⑩ **토지소유자가 아닌 제3자가 토지를 임대한 경우**, 임대인은 특별한 사정이 없는 한 매수청구권의 **상대방이 될 수 없다.**

⑪ **임대인이** 임차권 소멸 당시에 이미 **토지소유권을 상실하였더라도** 임차인은 **그에게 매수청구권을 행사할 수 있다.** (×)

- 임차권등기 또는 건물등기 ○ ⇨ 대항력 ○ ⇨ 새로운 소유자에게 매수청구 ○

⑫ 임대차종료 후 임대인이 토지를 제3자에게 양도한 경우, **제3자에게 대항할 수 있는 토지임차인**은 그 **신소유자에게 매수청구권을 행사할 수 있다.**

- 걸쳐서 건립 ⇨ 전부 매수청구 ×

⑬ 임차인소유의 건물이 제3자소유의 토지에 **걸쳐서 건립되어 있는 경우**, 임차인은 **건물 전부를 매수청구할 수는 없다.**

- 편면적 강행규정 ⇨ 특별한 사정이 없는 한 ⇨ 배제특약 무효

⑭ 임대차종료 전 **지상물** 일체를 **포기**하기로 하는 당사자 간의 **약정**은 특별한 사정이 없는 한 무효이다.

- 건물소유 ⇨ 토지이용 ⇨ 부당이득반환의무 ○

⑮ 임차인의 건물매수청구가 적법한 경우, 임대인의 대금지급이 있기까지는 **건물부지의 임료 상당액을 반환할 필요는 없다.** (×)

11 | 임차권의 양도 및 전대

> • 임대인에 대한 배신행위 × ⇨ 해지 ×

1. 임차인의 무단전대행위가 임대인에 대한 **배신행위가 아니라고 인정**되는 특별한 사정이 있는 때에는 임대인은 임대차계약을 **해지할 수 없다.**

2. ★ 임차인이 **건물의 소부분을** 임대인의 동의 없이 전차인에게 **사용하게 한 경우**, 임대인은 임대차계약을 **해지할 수 없다.**

> • 임대인의 동의 있는 양도
> ① 임차권은 동일성을 유지하면서 양수인에게 이전
> ② **연체차임채무나 손해배상채무** ⇨ 양수인에게 당연히 이전 ×

3. **임차인의 지위가 적법하게 승계된 경우, 현재의 임차인은** 종전 임차인이 임대인의 동의를 얻어 설치한 부속물에 대하여 **부속물매수청구권을 행사할 수 있다.**

4. ★ 적법하게 임차권을 양도한 경우, 양수인이 임차인의 지위를 당연히 승계하므로 양도인의 **연체차임채무도 양수인에게 이전한다.** (×)

> • 임대인의 동의 있는 전대
> ① **합의해지** ⇨ **전대차는 소멸** ×
> ② 임대인의 동의 ⇨ 부속물매수청구 ○

5. ★★ 임대인이 **전대차를 동의한 후** 임차인과 임대차계약을 **합의해지**하더라도 **전차권은 소멸하지 않는다.**

6. ★★ 임대인이 **전대차를 동의한 후에도** 임차인과 임대차계약을 **합의해지**하면 이로써 **전차인에게 대항할 수 있다.** (×)

7. ★ **기간을 정하지 않은** 임대차계약이 임대인의 **해지통고로 인하여 종료된 경우**, 임대인은 전차인에게 그 사유를 통지하지 아니하면 해지로써 **전차인에게 대항하지 못한다.**

8. ★ 임차인의 **차임연체를 이유로** 임대인이 임대차계약을 **해지한 경우**, 임대인은 전차인에게 그 사유의 통지 없이도 해지로써 **대항할 수 있다.**

★
9. 적법하게 전대차한 경우, 전차인은 **임차인의 동의를 얻어 부속한 물건**에 대하여 임대인에게 **부속물매수청구를 할 수 있다.** (×)

10. 임대차와 전대차가 모두 종료한 경우, **전차인이 임대인에게 직접** 목적물을 **반환하면** 임차인에 대한 건물반환의무를 면한다.

> • 임대인의 동의 없는 양도 및 전대
> ① 무단양도 및 무단전대 ⇨ **계약은 유효**, 임대인에게 대항 ×
> ② 임대인이 임대차계약을 해지 ○ ⇨ 지상물, 부속물 **매수청구** ×
> ③ **임대차계약을 해지** × ⇨ 차임 상당의 손해배상청구 ×

★★
11. 임대인의 동의 없이 무단으로 임차권을 양도한 경우, **무단양도계약은 무효**이다. (×)

★★
12. 임대인의 **동의 없이 전대차**한 경우에도, 전차인은 임대인에게 **부속물매수청구권을 행사할 수 있다.** (×)

★★
13. **무단전대**의 경우, 임대인은 **임대차계약을 해지하지 않고** 전차인에 대하여 불법점유를 이유로 **차임상당액의 손해배상을 청구할 수 없다.**

14. 임차인이 임대인의 **동의 없이** 임차물을 제3자에게 **전대**한 경우, 임대인은 **임대차계약의 존속 여부를 불문하고** 제3자에게 불법점유를 이유로 한 **차임상당액의 손해배상청구를 할 수 있다.** (×)

핵심 사례

13 乙은 건물을 소유할 목적으로 甲소유의 토지를 임차하여 그 지상에 건물을 신축하고 보존등기를 하였다. 다음 설명 중 <u>틀린</u> 것은?
① 甲과 乙의 **건물철거약정**은 특별한 사정이 없는 한 **무효이다.**
② **기간만료**로 임대차가 종료된 경우, **건물매수청구를 하기 위해서는** 乙은 甲에게 **갱신청구를 먼저 하여야 한다.**
③ 乙이 적법한 건물매수청구를 하면 甲**의 승낙 없이도** 건물에 대한 **매매계약이 성립한다.**
④ 임대차종료 후 甲이 토지를 丙에게 매도하여 소유권이전등기가 된 경우, 乙은 임차권등기를 하지 않았다면 **丙에게 건물매수청구를 할 수 없다.**
⑤ 乙의 **채무불이행**으로 임대차가 **해지**된 후 **건물이 철거되지 않은 경우**, 乙은 건물을 사용하지 않았더라도 甲에게 **토지이용에 대한 부당이득을 반환해야 한다.**

14 건물임차인 乙이 임대인 甲의 동의를 얻어 丙에게 전대하였다. 다음 중 틀린 것은?

① 甲과 乙의 **합의해지**로 임대차계약이 종료된 경우, **丙의 전차권은 소멸한다.**

② 乙의 **차임연체액이 2기의 차임액에 달하여** 甲이 임대차계약을 **해지**하는 경우, 甲은 **丙에 대해** 그 사유의 **통지 없이도 해지로써 대항할 수 있다.**

③ 丙이 **甲의 동의를 얻어** 부속한 물건이 있는 때에는 전대차종료시에 甲에 대하여 **부속물매수청구를 할 수 있다.**

④ 임대차와 전대차가 **모두 종료**한 경우, 丙이 甲에게 **직접** 건물을 **반환하면** 乙에 대한 **건물반환의무를 면한다.**

⑤ 임대차와 전대차가 **모두 종료**한 후에 **丙이 건물을 반환하지 않고 사용하는 경우**, 甲은 丙에게 차임상당의 **부당이득반환을 청구할 수 있다.**

15 乙은 건물의 소유를 목적으로 甲 소유의 X토지를 임차한 후, 甲의 동의 없이 이를 丙에게 전대하였다. 이에 관한 설명으로 옳은 것은?

① 乙과 丙의 **전대계약은 무효이다.**

② 甲은 丙에게 X토지의 **반환을 청구할 수 없다.**

③ 甲은 乙에 대한 임대차계약상의 **차임청구권을 상실한다.**

④ 甲이 **임대차계약을 해지한 경우**, 丙이 신축한 건물이 X토지에 현존하고 있더라도 丙은 甲에게 건물매수를 청구할 수 없다.

⑤ 甲과 乙 사이의 임대차계약이 존속하더라도 甲은 X토지의 불법점유를 이유로 丙에게 차임상당의 부당이득반환을 청구할 수 있다.

박문각 공인중개사

PART
04

민사특별법

01 | 주택임대차보호법

> • 일시사용 ⇨ 적용 ×

1. **미등기 무허가** 주택을 임대차한 경우에는 동법이 **적용된다.**
2. ★ **일시사용**을 위한 것이 명백한 경우에도 주거용으로 임대차한 경우에는 동법이 **적용된다.** (×)

> • 대항력
> ① 주택인도(점유)와 주민등록(전입신고) ⇨ 다음날 대항력 발생
> ② 대항력발생 ⇨ 매매 ⇨ 새로운 소유자가 임대인의 지위를 승계
> ③ 저당권 후 대항력 취득 ⇨ 경매 ⇨ 대항력 상실

3. ★ 임차인이 **대항력**을 갖추기 위해서는 임대차계약서상의 **확정일자를 받아야 한다.** (×)
4. ★ 주민등록의 신고는 행정청에 **도달한 때가 아니라** 행정청이 **수리한 때** 효력이 발생한다.
5. 임차인은 정확한 지번으로 전입신고서를 작성·제출하였는데 담당공무원의 요구로 **잘못된 지번으로 다시 작성·제출**하여 주민등록이 된 경우, **적법한 주민등록으로 볼 수 있다.** (×)
6. **다가구용 단독주택**의 경우, 임차인이 그 주택의 일부를 임차하고 전입신고를 할 때 **지번만 바르게 기재하면 대항력은 발생한다.**
7. **다가구용 단독주택** 일부의 임차인이 **대항력을 취득**하였다면, 후에 건축물 대장상으로 다가구용 단독주택이 **다세대 주택으로 변경**되었다는 사정만으로는 **이미 취득한 대항력을 상실하지 않는다.**
8. 임차인이 가족과 함께 임차주택의 점유를 계속하면서 **가족의 주민등록은 그대로 둔 채** 임차인의 주민등록만 일시적으로 옮긴 경우 **대항력을 상실하지 않는다.**
9. ★ **임차인이** 타인의 점유를 매개로 임차주택을 **간접점유하는 경우에도** 대항요건인 점유가 **인정될 수 있다.**
10. ★ 임대인의 동의를 얻어 주택이 **전대**된 경우, **임차인 명의로 주민등록을 하면** 임차인은 **대항력을 취득한다.** (×)

11. 임차인이 **대항력을 가진 후** 주택의 **소유권이 양도**된 경우, 임대차종료시 임차인은 **양수인에 대하여만** 보증금반환을 청구할 수 있다.

12. **대항력이 있는** 임차인의 보증금반환채권이 가압류된 상태에서 **주택이 양도**된 경우, 가압류채권자는 **양수인에 대하여만** 가압류의 효력을 **주장할 수 있다.**

13. **대항력 있는** 주택임대차가 기간이 만료된 상태에서 **주택이 양도**되더라도 임차인은 이 사실을 안 때로부터 상당한 기간 내에 **이의를 제기**하여 임대차관계의 **구속에서 벗어날 수 있다.**

14. **저당권이 설정된** 주택을 임차하여 대항력을 갖춘 이상, 후순위저당권이 실행되더라도 매수인이 된 자에게 **대항할 수 있다.** (×)

15. 임차권보다 **선순위저당권이 존재**하는 주택이 **경매**로 매각된 경우, **경매의 매수인은 임대인의 지위를 승계한다.** (×)

16. 임차인이 대항력을 취득한 후 **저당권이 설정**된 경우, 임차인이 **일시 퇴거하였다가 다시 전입**하더라도 경매시 경락인에게 **대항할 수 없다.**

• 보증금 **우선변제권** ⇨ 대항력과 **확정일자**

---

17. 주택이 **경매**되는 경우, 임차인은 **확정일자가 있어야** 경락대금에서 **보증금의 우선변제**를 받을 수 있다.

18. **확정일자를 갖춘** 임대차계약서에 아파트의 명칭과 동 호수의 기재를 누락했더라도 **우선변제권은 인정될 수 있다.**

19. 임차인이 주택에 대해 보증금반환청구소송의 확정판결에 기한 경매를 신청한 경우, 반대의무의 이행을 **집행개시요건으로 한다.** (×)

20. 임차주택의 경매시 임차인이 환가대금으로부터 **보증금을 수령**하기 위해서는 임차주택을 **경락인에게 인도하여야 한다.**

21. **제3자에 의해 경매가 개시**되어 주택이 매각된 경우, 임차인은 경매절차에서 **배당요구를 하여야** 보증금에 대해 **우선변제를 받을 수 있다.**

22. 우선변제권 있는 임차인이 **배당요구를 하지 아니하여** 후순위권자에게 먼저 배당된 경우, 임차인은 그에게 **부당이득반환청구를 할 수 있다.** (×)

- **소액보증금 최우선변제권**
① 경매신청등기 전 대항력 ○, 확정일자 ✕
② 임차권등기명령에 의한 임차권등기 후 소액임차인 ⇨ 최우선변제 ✕

★
23. 소액임차인은 경매신청의 등기 전까지 임대차계약서에 **확정일자를 받아야** 최우선변제권을 행사할 수 있다. (✕)

★★
24. **임차권등기명령**에 의한 임차권등기가 경료된 주택을 그 이후에 임차한 임차인도 **소액보증금의 최우선변제를 받을 권리가 있다.** (✕)

- **대지의 매각대금**
① 보증금 우선변제, 소액보증금 최우선변제 ○
② **나대지** ⇨ **소액보증금 최우선변제** ✕

★
25. 주택임차인의 우선변제권은 **대지의 환가대금에는 미치지 않는다.** (✕)

★
26. 우선변제권 있는 임차인은 임차주택과 별도로 그 대지만이 경매될 경우, 그 **대지의 환가대금에 대하여 우선변제권을 행사할 수 있다.**

★
27. **대지에 관한 저당권설정 후 주택이 신축된 경우**에는 소액임차인은 대지의 매각대금에서 우선변제를 **받을 수 없다.**

- 임차권등기명령

28. 주택임차인은 **임대차가 끝나기 전에도** 주택의 소재지를 관할하는 법원에 **임차권등기명령을 신청할 수 있다.** (✕)

★
29. **임차권등기명령**에 의한 임차권등기를 한 주택임차인은 **배당요구를 하지 않아도** 주택의 매각대금에서 **우선변제를 받을 수 있다.**

29-1. **주택임차인이 스스로 강제경매를 신청한 경우에는 배당요구를 하지 않아도** 주택의 매각대금에서 **우선변제를 받을 수 있다.**

★★
30. 임대인의 임차보증금반환의무와 임차인의 **임차권등기명령**에 의한 임차권등기말소의무는 **동시이행의 관계에 있다.** (✕)

- 주택임차인의 지위와 전세권자의 지위 ⇨ 각각 별개

31. 주택임차인이 **전세권설정등기**를 한 경우, 전세권설정계약서에 첨부된 **등기필증의 접수인**을 임대차계약서의 **확정일자로 볼 수 있다.**

32. 주택임차인이 **전세권설정등기**를 한 경우, **임차인의 지위에서 배당요구**를 하였다면 **전세권에 관해서도** 함께 **배당요구를 한 것으로 본다.** (×)

33. 소액 주택임차인이 **전세권설정등기**를 마친 상태에서 **주민등록을 이전**한 경우, 임차권등기명령에 의한 임차권등기를 마친 것이나 다름없으므로 **최우선변제권이 그대로 유지된다.** (×)

- 1년 약정 ⇨ 임대인은 1년 주장 ×, 임차인은 1년 또는 2년 주장 ○

34. 기간을 1년으로 약정한 경우, **임차인은 2년을 주장할 수 있다.**

35. 기간을 1년으로 약정한 경우, **임대인은 1년을 주장할 수 있다.** (×)

- 법정갱신
  ① 존속기간 2년
  ② 임대인은 해지 ×, 임차인은 해지 ○

36. 임차인이 **2기의 차임액에 달하는 차임을 연체**하면 **묵시적 갱신이 인정되지 않는다.**

37. **법정갱신**된 경우, **임대인은** 언제든지 임차인에게 **해지할 수 있다.** (×)

38. **법정갱신**된 후 **임차인이 해지통지**를 한 경우, 임대인이 그 통지를 받은 날로부터 **3월이 경과**되면 계약은 **해지된다.**

> • 계약갱신요구권
> ① 1회에 한하여 행사
> ② 법정갱신규정 준용

39. 임대차기간이 끝나기 **6개월 전부터 2개월 전까지**의 기간에 행사해야 한다.

40. 주택임차인은 계약갱신요구권을 **2회에 한하여** 행사할 수 있다. (×)

★ 41. 임차인이 임차한 주택의 전부 또는 일부를 **경과실로 파손**한 경우, 임대인은 **계약갱신요구를 거절할 수 있다.** (×)

42. 임차인이 **임대인의 동의 없이** 목적 주택을 **전대**한 경우 임대인은 **계약갱신요구를 거절하지 못한다.** (×)

43. 계약이 갱신된 경우, **임차인은 언제든지** 임대인에게 **해지할 수 있다.**

★ 44. 임차인의 해지통지가 갱신된 임대차계약 기간이 개시되기 전에 임대인에게 도달한 경우, 해지통지가 **임대인에게 도달한 후 3개월이 지나면** 해지의 효력이 발생한다.

45. 차임과 보증금의 **증액청구**는 약정한 차임이나 보증금의 **20분의 1의 금액을** 초과하지 못한다.

> 핵심 사례

01 甲은 乙소유 주택을 임차하면서 보증금을 지급하고 대항요건을 갖췄다. 다음 설명 중 옳은 것을 모두 고른 것은?

> ㄱ. 丙이 乙로부터 주택을 양수하여 **소유권을 취득한 경우, 임대차종료시** 甲은 丙에 **대하여만** 보증금의 반환을 청구할 수 있다.
> ㄴ. 丙이 주택의 소유권을 취득한 후 임대차종료시 甲에게 보증금을 반환한 경우, 丙은 乙에게 부당이득반환을 청구할 수 없다.
> ㄷ. 乙이 **채권담보를 목적으로** 임차주택을 丙에게 **양도**한 경우, 乙은 특별한 사정이 없는 한 **보증금반환의무를 면한다.**

① ㄱ　　　　　② ㄴ　　　　　③ ㄷ
④ ㄱ, ㄴ　　　⑤ ㄱ, ㄴ, ㄷ

02 甲은 乙에 대한 1억원의 채권을 담보하기 위해 乙소유의 X주택에 저당권설정등기를 마쳤다. 그 후 丙은 2017. 10. 1. X주택을 보증금 2억원에 임차하여 주택을 인도받음과 동시에 전입신고를 마치고 임대차계약서 상에 확정일자를 받은 후 2019. 2. 16. 현재까지 살고 있다. 2018. 4. 10. 丁은 乙에 대한 1억원의 채권을 담보하기 위해 X주택에 저당권설정등기를 마쳤다. 2019. 2. 16. X주택은 丁의 저당권실행을 위한 경매로 A에게 매각되었으며, 배당할 금액은 2억 5,000만원이다. 이에 관한 설명으로 옳은 것을 모두 고른 것은?

> ㄱ. 경락대금에서 丙이 보증금을 전액 배당받지 못한 경우, 丙은 **임차권으로 A에게 대항할 수 있다.**
> ㄴ. 丙이 적법하게 배당요구를 하였다면 배당받을 수 있었던 금액이 丙**의 배당요구가 없어서 丁에게 배당된 경우, 丙은 丁에게 부당이득반환을 청구할 수 없다.**
> ㄷ. 만약 X주택의 경매개시결정 전에 甲**의 저당권이 소멸**하였다면, A는 임대인 乙의 지위를 승계한 것으로 본다.

① ㄱ ② ㄴ, ㄷ ③ ㄱ, ㄷ
④ ㄴ ⑤ ㄱ, ㄴ, ㄷ

03 甲소유의 대지 위에 있는 甲의 주택을 임차한 乙은 보증금 중 일정액을 최우선변제를 받을 수 있는 소액임차인이다. 다음 중 틀린 것은?

① 주택의 경매절차에서 乙이 다른 채권자에 우선하여 변제받으려면 **배당요구 종기일 이전**에 배당을 요구하여야 한다.
② 주택과 대지가 함께 경매된 경우에도, 乙은 **대지의 매각대금에서 최우선변제를 받을 수 있다.**
③ **대지에 저당권이 설정된 후 주택이 신축된 경우에도** 乙은 **대지의 매각대금에서 최우선변제를 받을 수 있다.**
④ 甲이 대지만을 丙에게 매도한 뒤 그 대지가 경매되는 경우, 乙은 **대지의 매각대금에서 최우선변제를 받을 수 있다.**
⑤ 대지에 저당권을 설정할 당시 주택이 미등기인 채 이미 존재하였다면, 乙은 **대지의 매각대금에서 최우선변제를 받을 수 있다.**

02 | 상가건물 임대차보호법

> • 사업자등록 ○ ⇨ 법 적용 ○

1. **사업자등록의 대상이 되지 않는 건물**에 대해서는 동법이 **적용되지 않는다.**

> • 최단기간 ⇨ 1년
> • 임대차종료 ⇨ 보증금반환 ⇨ 임대차관계 존속

★
2. 동법이 적용되는 **임대차가 종료**된 경우, **보증금을 반환받을 때까지** 목적물을 계속 점유하면서 사용·수익한 임차인은 **종전 임대차계약에서 정한 차임**을 지급할 의무를 부담한다.

3. 동법이 적용되는 **임대차가 종료**된 경우, **보증금을 반환받을 때까지** 목적물을 계속 점유하면서 사용·수익한 임차인은 **시가에 따른 차임에 상응하는 부당이득금**을 지급할 의무를 부담한다. (×)

> • 3기 연체 ⇨ 갱신요구 거절 ○

4. 상가임차인이 **3기**의 차임액에 달하도록 차임을 **연체한 사실**이 있는 경우, 임대인은 임차인의 **계약갱신요구를 거절할 수 있다.**

> • 권리금회수 방해로 인한 손해배상의무 ⇨ 동시이행 ×

★★
5. 상가임대차계약 종료에 따른 임차인의 임차목적물 반환의무와 임대인의 **권리금회수 방해로 인한 손해배상의무는 동시이행관계에 있다.** (×)

> • 갱신요구를 거절할 수 있는 경우 ⇨ 권리금 보장할 필요 ×

★
6. 임차인이 임차한 건물을 **중대한 과실로** 전부 또는 일부를 **파손**한 경우, 임대인은 **권리금회수의 기회를 보장할 필요가 없다.**

- 임대차기간이 10년을 초과하여 계약갱신요구권을 행사할 수 없는 경우
  ⇨ 권리금회수의 기회를 보호할 의무 ○

7. 전체 임대차기간이 **10년을 초과**하여 임차인이 계약갱신요구권을 행사할 수 없는 경우에는 임대인은 임차인의 **권리금 회수기회를 보호할 의무가 없다.** (×)

- 손해배상청구권 ⇨ 종료한 날부터 3년

8. 권리금 회수의 방해로 인한 임차인의 임대인에 대한 손해배상청구권은 그 **방해가 있은 날로부터** 3년 이내에 행사하지 않으면 시효로 소멸한다. (×)

- 환산보증금액을 초과하는 경우 ⇨ 대 계 권 3 감 ⇨ 적용

9. 환산보증금액을 초과하는 경우에도 적용되는 규정
① 임차권의 **대항력**에 관한 규정
② 임차인의 **계약갱신요구**에 관한 규정
③ 임차인의 **권리금**회수기회 보호에 관한 규정
④ **3기 차임연체시 계약해지**에 관한 규정
⑤ **감염병**의 예방 및 관리에 관한 법률에 따른 집합제한조치로 인하여 폐업한 경우, 임차인의 해지권에 관한 규정(제11조의2)

10. 환산보증금액을 초과하는 경우에는 적용되지 않는 규정
① **확정일자 부여와 보증금의 우선변제에 관한 규정**
② **임차권등기명령에 관한 규정**
③ **최단존속기간**에 관한 규정
④ **법정갱신**에 관한 규정
⑤ 차임 등 증액청구시 제한규정

- 환산보증금을 초과하는 경우
① 기간약정을 한 경우 ⇨ 계약갱신요구권 행사 ○
② 기간약정을 하지 않은 경우 ⇨ 계약갱신요구권 행사 ×

★
11. 환산보증금을 초과하는 상가임대차에서 **기간약정을 하지 않은 경우**에는 **최단기간에 관한 규정이 적용되지 않는다.**

★
12. 환산보증금을 초과하는 상가임대차에서 **기간약정을 하지 않은 경우**에도 임차인은 **계약갱신요구권을 행사할 수 있다.** (×)

핵심 사례

04 甲은 乙소유의 서울에 소재하는 X상가건물을 보증금 1억원, 월차임 40만원에 임차하여 대항요건을 갖추고 확정일자를 받았다. 다음 설명 중 틀린 것은?

① 임대차기간의 약정이 없는 경우, 기간은 **1년**으로 본다.
② **법정갱신**된 경우, 乙은 甲에게 **해지통고를 할 수 없다.**
③ 甲이 임대차기간 **만료 1개월 전부터 만료일 사이에 갱신거절의 통지를 한 경우**에는 **법정갱신은 인정되지 않는다**
④ 甲이 乙의 **동의 없이** 丙에게 **전대**한 경우, 乙은 甲의 **계약갱신요구를 거절할 수 있다.**
⑤ 최초의 임대차기간을 포함한 전체 임대차기간이 **10년을 초과**하여 甲이 계약갱신요구권을 행사할 수 없는 경우에는 乙은 甲의 **권리금 회수기회를 보호할 의무가 없다.**

05 乙은 2022. 7. 1. 甲소유의 X상가건물을 甲으로부터 보증금 8억원, 월차임 400만원에 임차하여 상가건물 임대차보호법상의 대항요건을 갖추고 영업하고 있다. 다음 설명 중 옳은 것을 모두 고른 것은?

> ㄱ. 임대차종료 후 보증금을 반환 받지 못한 乙은 X건물의 소재지 관할법원에 **임차권등기명령을 신청할 수 있다.**
> ㄴ. X건물이 경매로 매각된 경우, 乙은 확정일자를 받았더라도 보증금에 대한 **우선변제권이 없다.**
> ㄷ. **기간을 약정하지 않은 경우**에도 乙은 **계약갱신요구권을 행사할 수 있다.**

① ㄱ　　　　　　② ㄴ　　　　　　③ ㄱ, ㄷ
④ ㄴ, ㄷ　　　　⑤ ㄱ, ㄴ, ㄷ

03 | 가등기담보 등에 관한 법률

> • 청구권보전을 위한 가등기와의 구별 ⇨ 등기부상 표시 ×, 당사자의 의사 ○

★
1. 가등기가 담보가등기인지 여부는 거래의 실질과 **당사자의 의사해석에 따라 결정된다.**

2. 가등기가 담보가등기인지, 청구권보전을 위한 가등기인지의 여부는 **등기부상 표시를 보고 결정한다.** (×)

3. 가등기담보권이 설정되기 위해서는 **피담보채권이 등기되어야 한다.** (×)

3-1. 당사자가 가등기담보권 설정계약을 체결하면서 **가등기 이후에 발생할 채권도** 가등기 부동산의 피담보채권에 **포함시키기로 약정한 경우**, 이 약정은 특별한 사정이 없는 한 **유효**하다.

> • 법 적용요건
> ① **소비대차** ⇨ 공사대금, 매매대금, 물품대금 X
> ② 예약당시 **초과**
> ③ **가등기** 또는 이전등기

★
4. 양도담보권이 **매매대금채권**의 담보를 위하여 설정된 후 대여금채권이 그 피담보채권에 포함되게 된 경우 동법이 **적용된다.** (×)

★★
5. 대물변제**예약 당시**의 담보물 가액이 차용액 및 이에 붙인 이자의 합산액에 **미치지 못하는 경우**에는 **실행통지를 할 필요가 없다.**

★★
6. 실행통지 당시 부동산의 평가액이 피담보채권액에 **미달하는 경우**에는 가등기담보권자는 **실행통지를 할 필요가 없다.** (×)

6-1. 담보권 **실행의 통지시** 담보목적 부동산의 평가액이 채권액에 미달하여 **청산금이 없다고** 인정되는 때에는 **그 뜻을 통지하여야 한다.**

7. 대물변제의 약정 등 담보계약은 있지만 아직 **가등기가 이루어지지 않은 경우**, 담보권실행에 관한 규정이 **적용될 여지가 없다.**

- 실행방법
① 경매(**경매시 저당권과 동일하게 취급**) 또는 귀속청산(실행통지)
② 사적실행에 의한 처분청산 ×

8. 담보목적 부동산이 **강제경매**를 통해 매각되어도, **가등기담보권은** 채권액 전부를 변제받지 않으면 **소멸하지 않는다.** (×)

9. **담보가등기**가 경료된 부동산에 대하여 **경매**가 행하여져 제3자가 경락받은 후에 이루어진 **가등기에 기한 본등기는** 원인을 결여한 **무효**의 등기이다.

9-1. **가등기담보권자는** 자신이 목적부동산의 **경매를 청구**하여 그 **경매절차가 진행 중인 때**에도 특별한 사정이 없는 한 그 **가등기에 따른 본등기를 청구할 수 있다.** (×)

- 채무자, 물상보증인, 제3취득자 ⇨ **실행통지** ⇨ **변제할 기회**

10. 실행통지의 상대방이 채무자 등 여러 명인 경우, **그 모두에 대하여 실행통지를 하여야** 통지로서의 **효력이 발생한다.**

11. 채권자가 담보목적 부동산의 소유권을 취득하기 위하여는 가등기담보권의 실행통지가 상대방에게 도달한 날로부터 **1개월**이 지나야 한다. (×)

12. **채권자가 나름대로 평가**한 청산금의 액수가 객관적인 청산금의 평가액에 미치지 못한 경우에도 **실행통지는 효력이 있다.**

12-1. 채권자가 가등기담보권을 실행하기 위해 청산금의 평가액을 통지하는 경우, 그가 **주관적으로 평가한 청산금의 평가액을 통지하면 족하다.**

13. 가등기담보권자가 채무자에게 **실행통지를 하지 아니한 경우**에도 청산금을 지급하고 등기를 마쳤다면 **소유권을 취득할 수 있다.** (×)

14. **청산절차를 거치지 않고** 가등기담보권자가 경료한 소유권이전등기는 **무효**지만 나중에 **청산절차를 마치면** 그 때부터 **유효한 등기가 된다.**

15. 채무자에게 실행통지는 하였으나 이러한 사실을 후순위저당권자에게는 통지하지 않은 경우, **채무자는** 이를 이유로 **실행을 거부할 수 없다.**

16. **채권자는** 그가 통지한 **청산금의 액수에 대하여 다툴 수 없다.**

17. 청산금은 담보권실행의 통지당시 담보목적부동산의 가액에서 피담보채권액을 뺀 금액이며, 그 부동산에 선순위담보권이 있으면 위 피담보채권액에 **선순위담보로 담보한 채권액을 포함시킨다.**

• 후순위저당권자 ⇨ 청산기간 내 변제기 도래 전 ⇨ 경매청구 ○

---

18. 후순위저당권자는 청산기간에 한정하여 그 피담보채권의 **변제기 도래 전이라도** 부동산의 경매를 청구할 수 있다.
19. 후순위저당권자는 청산기간 내라도 저당권의 피담보채권의 **변제기 도래 전**에는 부동산의 경매를 청구할 수 없다. (×)
20. 후순위저당권자는 청산기간이 지나면 그의 피담보채권 **변제기가 도래하기 전이라도** 부동산의 경매를 청구할 수 있다. (×)

• 채무자의 청산금에 관한 권리의 양도 ⇨ 후순위권리자에게 대항 ×

---

21. 채무자가 청산기간이 지나기 전에 한 **청산금에 관한 권리의 양도**는 이로써 **후순위권리자에게 대항하지 못한다.**

21-1. 가등기담보권자인 채권자가 청산기간이 경과하기 전에 **채무자에게 청산금을 지급한** 경우, **후순위권리자에게 대항할 수 있다.** (×)

• 변제와 가등기담보말소 ⇨ 동시이행관계 ×
• 청산금지급과 소유권이전 ⇨ 동시이행관계 ○

---

22. 가등기담보의 채무자의 채무**변제와** 가등기 **말소는 동시이행관계에 있다.** (×)
23. 가등기담보권자의 **청산금지급의무와** 채무자의 가등기에 기한 **본등기 및 목적물의 인도 의무는 동시이행관계에 있다.**

> • **청산절차종료 후** 본등기 전 ⇨ 소유권 취득 ×, **과실수취권 취득** ○

24. 가등기담보권자는 청산기간 경과 후 청산금을 지급하면 **본등기를 하기 전이라도 소유권을 취득한다.** (×)

25. 가등기담보권자는 청산기간 경과 후 청산금을 지급하면 **본등기를 경료하기 전에도 과실수취권을 취득한다.**

> • **양도담보**
> ① 양도담보권자 ⇨ 물상대위권 ○
> ② **양도담보권자** ⇨ **소유자** ×
> ③ 양도담보권자가 처분 ⇨ **선의의 제3자** ⇨ **소유권 취득**

26. **양도담보권자는** 양도담보목적물이 소실됨으로 인하여 발생한 화재보험금청구권에 대하여 **물상대위권을 행사할 수 있다.**

27. **양도담보권자는 담보권의 실행으로서 채무자로부터 적법하게 임차한 임차인에게** 그 목적 부동산의 **인도청구를 할 수 있으나,** 직접 **소유권에 기하여 인도청구를 할 수는 없다.**

28. 제3자가 양도담보목적물을 **불법으로 점유**하고 있는 경우, **양도담보권자는** 불법점유자를 상대로 차임 상당의 **손해배상을 청구할 수 있다.** (×)

29. **양도담보권자가** 담보목적부동산에 대하여 동법 소정의 청산절차를 거치지 아니한 채 **소유권을 이전한 경우, 선의의 제3자는 소유권을 확정적으로 취득한다.**

30. 양도담보 목적 부동산을 양수한 **제3자가 악의인 경우**에도 제3자는 **소유권을 취득할 수 있다.** (×)

> **핵심 사례**

06 甲은 乙에게 빌려준 1,000만원을 담보하기 위해 乙소유의 X토지(시가 1억원)에 가등기를 마친 다음, 丙이 X토지에 대해 저당권을 취득하였다. 다음 설명 중 옳은 것은? (다툼이 있으면 판례에 의함)

① **청산기간이 경과된 후에는** 乙은 정당하게 평가된 **청산금을 지급받기 전이라도** 甲에게 **변제하고 가등기의 말소를 청구할 수 없다.**
② 청산금의 평가액을 통지한 후에라도 **채권자는** 청산금의 평가액 자체가 불합리하게 산정되었음을 증명하여 **액수를 다툴 수 있다.**
③ 丙은 **청산기간 내에 한하여** 그의 피담보채권 **변제기가 도래하기 전이라도** X토지의 **경매를 청구할 수 있다.**
④ 乙이 청산기간이 지나기 전에 **청산금에 관한 권리를 양도한 경우**, 이로써 丙에게 **대항할 수 있다.**
⑤ 甲이 담보권실행을 위해 통지하여야 할 청산금의 평가액은 통지 당시의 목적부동산 가액에서 그 당시의 목적부동산에 존재하는 **모든 피담보채권액을 공제한 차액이다.**

07 乙은 甲에 대한 1억원의 차용금채무를 담보하기 위해 자신의 X건물(시가 2억원)에 관하여 甲명의로 소유권이전등기를 마쳤다. 다음 설명으로 틀린 것은?

① 甲은 X건물의 화재로 乙이 취득한 화재보험금청구권에 대하여 **물상대위권을 행사할 수 있다.**
② 甲은 乙로부터 X건물을 임차하여 사용하고 있는 丙에게 **소유권에 기하여 그 반환을 청구할 수 없다.**
③ 甲은 **담보권실행으로서** 乙로부터 임차하여 X건물을 점유하고 있는 丙에게 그 **인도를 청구할 수 있다.**
④ 甲은 乙로부터 X건물을 임차하여 사용하고 있는 丙에게 **임료 상당의 부당이득반환을 청구할 수 있다.**
⑤ 甲이 X건물을 **선의의 丁에게 소유권이전등기를 해 준 경우**, 乙은 丁에게 소유권이전등기말소를 청구할 수 없다.

04 | 부동산 실권리자명의 등기에 관한 법률

> • 가등기 ⇨ 명의신탁 금지

1. **가등기를 명의신탁**에 의하여 경료하는 것은 **허용되지 않는다.**

> • 가등기담보, 양도담보 ⇨ 명의신탁 ×

2. 채권을 **담보**하기 위해 채권자가 채무자소유의 부동산에 대해 **가등기**를 하는 경우에도 **동법이 적용된다.** (×)

3. 채무변제를 **담보**하기 위해 채권자 명의로 부동산에 관한 **소유권이전등기**를 하기로 하는 약정은 **명의신탁약정에 해당하지 않는다.**

> • 구분소유적 공유관계
> ① 대내적 ⇨ 구분소유관계 ⇨ 공유물분할청구 ×
> ② 대외적 ⇨ 공유관계

4. **공유물분할청구**는 부동산의 **구분소유적 공유관계**에서 **인정되지 않는다.**

5. 甲과 乙이 **구분소유적 공유관계**에 있는 경우, 甲은 목적부동산을 불법으로 점유하는 자에게 **부동산 전부에 대해서 방해제거를 청구할 수 없다.** (×)

6. 甲과 乙이 **구분소유적 공유관계**에 있는 경우, 甲이 자기 소유의 **토지부분에 건물을 신축**한 후, 乙이 강제경매로 대지에 관한 甲의 지분을 모두 취득한 경우, **관습법상 법정지상권이 발생한다.**

> • 명의신탁
> ① 원칙 ⇨ **무효(사회질서위반 ×)** ⇨ 해지 ×
> ② 종/배 ⇨ 법령상 제한을 회피할 목적 × ⇨ **유효** ⇨ 해지 ○
> ③ **수탁자와 거래한 제3자** ⇨ 선의 · 악의를 불문하고 권리 취득

7.** 투기 및 탈세 등의 방지라는 법의 목적상 **명의신탁**은 그 자체로 선량한 풍속 기타 **사회질서에 위반된다.** (×)

8. 농지법에 따른 제한을 회피하기 위하여 **명의신탁**을 한 경우에도 그에 따른 수탁자 명의의 소유권이전등기가 **불법원인급여라고 할 수 없다.**

9. 탈세 등의 목적으로 명의신탁제도를 악용했더라도 **신탁자**는 수탁자에게 **소유권에 기하여** 소유권이전**등기말소를 청구할 수 있다.**

10. 양자간 명의신탁이 **무효**인 경우, 신탁자는 수탁자에게 명의신탁의 **해지를 원인으로** 등기말소를 청구할 수 **있다.** (×)

11. 무효인 명의신탁등기가 행하여진 후 신탁자와 수탁자가 **혼인**한 경우, 그 명의신탁등기는 **명의신탁약정이 체결된 때로부터** 유효하게 된다. (×)

12. 부부 사이에 유효하게 성립한 명의신탁은 배우자 일방의 사망으로 잔존배우자와 사망한 배우자의 **상속인에게 효력을 잃는다.** (×)

13. 조세포탈 등의 목적 없이 **종교단체 명의**로 그 산하조직이 보유한 부동산의 소유권을 **등기한 경우**, 그 단체와 조직 간의 명의신탁약정은 **유효하다.**

14. 조세포탈 등의 목적 없이 **종교단체장 명의**로 그 종교단체 보유 부동산의 소유권을 **등기한 경우**, 그 단체와 단체장 간의 명의신탁약정은 **유효하다.** (×)

15. 수탁자가 제3자에게 부동산을 처분한 경우, **제3자는 악의라도 소유권을 취득한다.**

16. **계약상대방이 명의수탁자임을 알면서** 체결한 매매계약으로 **소유권이전등기를 받은 사람은 소유권을 취득한다.**

17. 부동산 명의신탁약정의 무효는 수탁자로부터 그 부동산을 취득한 **악의의 제3자에게 대항할 수 있다.** (×)

• 신탁자에게 법률효과를 직접 귀속시킬 의도 ⇨ 3자간 등기명의신탁

18. 계약명의자가 명의수탁자로 되어 있다 하더라도 **계약당사자를 명의신탁자로 볼 수 있다면** 이는 **3자간 등기명의신탁이 된다.**

19. **명의신탁자에게 법률효과를 직접 귀속시킬 의도로** 매매계약을 체결했더라도, **매매계약서에 명의수탁자가 매수인으로 기재**되어 있다면 **계약명의신탁으로 보아야 한다.** (×)

- 신탁자가 매수인 ⇨ 3자간 등기명의신탁(중간생략형)

20. 乙은 甲소유의 X토지를 매매하면서 X토지에 대한 소유권이전등기를 여자친구 丙명의로 하기로 丙과 명의신탁약정을 하였다. 그 후 甲은 乙의 부탁대로 丙명의로 소유권이전등기를 해 주었다.
① 乙은 甲을 **대위해서** 丙에게 소유권이전등기의 **말소를 청구할 수 있다.**
② 乙은 丙에 대하여 **진정명의회복**을 원인으로 한 소유권이전등기를 **청구할 수 없다.**
③ 제3자 丁이 명의신탁 사실을 알고 丙으로부터 X토지를 매수하고 소유권이전등기를 한 경우라도 丁은 **소유권을 취득한다.**

- 수탁자가 매수인 ⇨ 계약명의신탁

21. 丙소유의 부동산을 취득하고자 하는 甲은 친지 乙과 명의신탁약정을 맺고 乙에게 매수자금을 주면서 丙과 매매계약을 체결하도록 하였다. 乙은 甲의 부탁대로 丙과 매매계약을 체결하고 소유권이전등기를 경료받았다.
① 甲과 乙의 **명의신탁약정은** 丙이 선의라 하더라도 **무효이다.**
② 丙이 **선의**인 경우에는 **乙이 소유권을 취득한다.**
③ ②의 경우, 甲은 乙에게 자신이 제공한 **매매대금의 반환을 청구할 수 있을 뿐**, 그 **부동산 자체의 반환을 청구할 수는 없다.**
④ ②의 경우, 甲은 乙로부터 부당이득을 반환받을 때까지 부동산에 대하여 **유치권을 행사할 수 없다.**
⑤ ②의 경우, 甲의 지시에 따라 부동산의 소유명의를 이전하거나 그 **처분대금을 반환하기로 한 약정은 무효이다.**
⑥ 丙이 **악의**인 경우, 乙은 부동산에 대한 **소유권을 취득하지 못한다.**
⑦ ⑥의 경우, 乙이 부동산을 丁에게 매도하여 소유권이전등기를 했다면, 丁은 **소유권을 취득한다.**

- 경매 ⇨ 계약명의신탁 ⇨ 경매목적물의 소유자가 악의 ⇨ 수탁자가 소유자

22. 부동산**경매**절차에서 **명의신탁관계**가 성립한 경우, 경매목적물의 소유자가 명의신탁 사실을 알았더라도 **수탁자는 유효하게 소유권을 취득한다.**

23. 부동산**경매**절차에서 **명의신탁관계**가 성립한 경우, 경매목적물의 소유자가 명의신탁 사실을 알았다면 **수탁자는 소유권을 취득할 수 없다.** (×)

핵심 사례

08 甲종중이 법령상의 제한을 회피할 목적 없이 그 소유의 토지를 종원 乙에게 명의신탁하였다. 이 사안에 관한 다음 설명 중 **틀린** 것은?

① 甲이 토지를 丙에게 매도한 경우, 이는 **타인권리매매에 해당하지 않는다.**
② 토지에 대하여 **丙명의로 무효등기**가 경료된 경우, 甲은 丙에게 **진정명의회복**을 원인으로 한 소유권이전등기를 **청구할 수 없다.**
③ 토지를 **丙이 침해**하는 경우, 甲은 **직접 丙에게** 토지에 대한 **침해의 배제를 청구할 수 없다.**
④ 甲이 명의신탁을 **해지**하고 乙에게 행사하는 **등기청구권은 소멸시효에 걸리지 않는다.**
⑤ 명의신탁해지로 인해 발생한 **등기청구권을 甲이 丙에게 양도**하고 乙에게 통지한 경우, **乙의 동의가 없더라도** 丙은 乙에게 **직접** 소유권이전등기를 **청구할 수 있다.**

09 甲은 법령상의 제한을 회피하기 위해 2019. 5. 배우자 乙과 명의신탁약정을 하고 자신의 X건물을 乙명의로 소유권이전등기를 마쳤다. 이에 관한 설명으로 틀린 것은?

① 甲은 **소유권에 기해** 乙을 상대로 소유권이전등기의 **말소**를 청구할 수 있다.
② 甲은 乙에게 명의신탁약정의 **해지**를 원인으로 소유권이전등기를 청구할 수 **있다.**
③ 乙이 소유권이전등기 후 X건물을 점유하는 경우, **乙의 점유는 타주점유이다.**
④ 乙이 丙에게 X건물을 증여하고 소유권이전등기를 해준 경우, **丙은 악의라도 소유권을 취득한다.**
⑤ 乙이 丙에게 X건물을 적법하게 **양도하였다가 다시 소유권을 취득한 경우,** 甲은 乙에게 소유물반환을 청구할 수 없다.

10 甲소유의 토지에 대하여 乙과 매매계약을 체결한 후 乙이 甲에게 대금을 지급하면서 소유권이전등기는 친구 丙의 명의로 경료하였다. 다음 설명 중 틀린 것은?

① 乙은 아직 소유권을 취득하지 못했다는 이유로 甲에게 대금반환을 청구할 수 없다.
② 乙은 甲을 대위하여 丙에게 등기말소를 청구할 수 있다.
③ 乙은 丙에 대하여 진정명의회복을 원인으로 한 소유권이전등기를 청구할 수 없다.
④ 丁이 명의신탁 사실을 알고 丙으로부터 토지를 매수하고 소유권이전등기를 한 경우, 丁은 원칙적으로 소유권을 취득하지 못한다.
⑤ 만약 丙이 스스로 乙에게 이전등기를 해 주었다면 그 등기는 유효하다.

11 2019년 丙소유 X토지를 취득하고 싶은 甲은 그 친구 乙과 X토지의 취득에 관한 명의신탁약정을 맺고 乙에게 X토지를 매수하기 위한 자금을 제공하면서 乙명의로 丙과 계약하도록 하였다. 이에 乙은 그 사실을 알지 못하는 丙으로부터 X토지를 매수하여 자기 앞으로 이전등기를 마쳤다. 다음 설명으로 틀린 것은?

① 甲이 X토지를 점유하고 있는 경우, 甲의 점유는 자주점유이다.
② 甲은 乙에게 매매대금의 반환을 청구할 수 있을 뿐, X토지의 소유권이전을 청구할 수는 없다.
③ 甲이 X토지를 점유하고 있는 경우, 甲은 乙로부터 매매대금을 반환받을 때까지 X토지에 대하여 유치권을 행사할 수 없다.
④ 乙이 대물변제로서 甲에게 X토지의 소유권이전등기를 해 준 경우에는 그 등기는 유효하다.
⑤ 만약 甲과 乙의 명의신탁약정 및 乙명의의 등기가 「부동산 실권리자명의 등기에 관한 법률」의 시행 전에 이루어진 것이라면, 甲은 乙에게 X토지의 반환을 청구할 수 있다.

12 2020년 5월 신탁자 甲과 그의 친구인 수탁자 乙이 X토지에 대하여 명의신탁약정을 한 후, 乙이 직접 계약당사자가 되어 丙으로부터 X토지를 매수하고 소유권이전등기를 마쳤다. 다음 설명 중 틀린 것은? (다툼이 있으면 판례에 따름)

① 甲과 乙의 **명의신탁약정**은 매도인 丙이 선의라 하더라도 **무효**이다.
② 丙이 甲과 乙의 명의신탁약정 사실을 **알았는지** 여부는 매매계약을 체결한 때를 기준으로 판단하여야 한다.
③ 丙이 甲과 乙의 명의신탁약정 사실을 **안 경우**, 甲은 丙을 대위하여 乙에게 등기말소를 청구함과 동시에 丙에게 소유권이전등기를 **청구할 수 있다**.
④ 乙이 X토지의 소유자가 된 경우, 甲으로부터 제공받은 **매수자금과 취득세를** 甲에게 부당이득으로 **반환하여야 한다**.
⑤ 丙이 甲과 乙의 명의신탁약정 사실을 **안 경우에도** 乙이 丁에게 X토지를 매도하여 소유권이전등기를 마쳤다면 **丁은 소유권을 취득한다**.

13 2019년 부동산경매절차에서 丙소유의 X건물을 취득하려는 甲은 친구 乙과 명의신탁약정을 맺고 乙명의로 매각허가결정을 받아 자신의 비용으로 매각대금을 완납하였다. 그 후 乙명의로 X건물의 소유권이전등기가 마쳐졌다. 다음 설명 중 틀린 것은? (다툼이 있으면 판례에 따름)

① 甲은 乙에게 X건물의 **소유권이전을 청구할 수 없다**.
② 甲의 지시에 따라 乙이 X건물을 매각한 후 그 **처분대금을 甲에게 반환하기로 한 약정은 무효이다**.
③ 甲은 乙에게 **매수자금** 상당의 **부당이득반환을 청구할 수 있다**.
④ 丙이 甲과 乙 사이의 명의신탁약정이 있다는 사실을 **알았다면** 乙은 X건물의 **소유권을 취득하지 못한다**.
⑤ 甲이 X건물을 丁에게 **매도하는 계약은 유효이다**.

05 | 집합건물의 소유 및 관리에 관한 법률

- 구분의사가 객관적으로 표시 ⇨ 구분소유 성립

★
1. 집합건축물대장에 **등록되지 않더라도** 구분소유가 성립할 수 있다.

- 공용부분(복도, 계단)
① 용도에 따라 사용 ○, 지분비율에 따라 사용 ×
② 시효취득의 대상 ×

2. 각 공유자는 **공용부분을 그 용도에 따라 사용**할 수 있다.

★★
3. **공용부분의 사용**과 비용부담은 **전유부분의 지분비율에 따른다.** (×)

★★
4. 집합건물의 **공용부분은 시효취득의 대상**이 될 수 없다.

- 공용부분에 관한 물권의 득실변경 ⇨ 등기 ×

★★
5. 구조상 **공용부분**에 관한 물권의 득실변경은 **등기하여야** 효력이 발생한다. (×)

- 일부의 공용부분이 명백한 경우 ⇨ 일부 ○, 전원 ×

★
6. **일부의 구분소유자만이** 공용하도록 제공되는 것임이 **명백한 공용부분은 그들 구분소유자의 공유에 속한다.**

7. **일부의 구분소유자만이** 공용하도록 제공되는 것임이 **명백한 공용부분도 구분소유자 전원에 속하는 것이 원칙이다.** (×)

- 구분소유자 중 일부가 공용부분을 권원 없이 사용
① 다른 구분소유자 ⇨ 인도청구 ×, 방해제거청구 ○
② 다른 구분소유자 ⇨ 부당이득반환청구 ○

★★
8. 관리단집회 결의나 다른 구분소유자의 동의 없이 **구분소유자 1인이 공용부분을 독점적으로 사용**하는 경우, **다른 구분소유자는** 공용부분의 보존행위로서 그 **인도를 청구할 수 있다.** (×)

★
9. **구분소유자 중 일부가** 정당한 권원 없이 구조상 공용부분인 복도를 **배타적으로 사용**하여 다른 구분소유자가 사용하지 못하였다면, 이로 인하여 얻은 이익을 **다른 구분소유자에게 부당이득으로 반환하여야 한다.**

> • 관리인 ⇨ 구분소유자가 10인 이상 ⇨ 반드시 관리인을 선임

10. 구분소유자가 **10인 이상**일 때에는 **관리인을 선임하여야 한다.**

★
11. 관리인은 **구분소유자가 아니더라도** 무방하다.

12. 규약에서 달리 정한 바가 없으면, **관리인은 관리위원회의 위원이 될 수 있다.** (×)

12-1. 관리위원회의 위원은 **구분소유자 중에서** 선출한다.

> • 전유부분과 대지사용권 ⇨ 규약으로 달리 정하지 않는 한 분리처분 ×

★
13. 구분소유자는 **규약 또는 공정증서로써 달리 정하지 않는 한** 그가 가지는 **전유부분과 분리하여 대지사용권을 처분할 수 없다.**

★
14. 구분건물의 **전유부분만에 관하여 설정된 저당권이나 압류 등의 효력은** 특별한 사정이 없는 한 그 **대지사용권에도 미친다.**

★
15. **전유부분에 대하여 설정된 전세권은** 전세권설정등기가 건물부분만에 관한 것이라는 취지의 부기등기가 경료되어 있으면 **대지사용권에 미치지 않는다.** (×)

★
16. 특별한 사정이 없는 한 **대지사용권을** 전유부분과 **분리하여 처분할 수는 없으며, 이를 위반한 대지사용권의 처분은** 법원의 강제경매절차에 의한 것이라 하더라도 **무효이다.**

> • 공용부분에 관한 관리비

17. **전유부분**에 관하여 체납된 관리비는 특별승계인에게 **승계되지 않는다.**

★
18. **공용부분**에 관하여 체납된 관리비는 특별승계인에게 **승계되지만 연체료는 승계되지 않는다.**

19. 체납된 관리비가 특별승계인에게 승계된다고 하여 **이전 구분소유자들의 채무가 면책되는 것은 아니다.**

20. 관리단은 관리비 징수에 관한 유효한 **규약이 없더라도 공용부분에 대한 관리비를** 그 부담의무자인 구분소유자에게 **청구할 수 있다.**

- 공유 ⇨ 반드시 1인

---

21. 전유부분의 공유자는 서로 협의하여 **공유자 중 1인을** 관리단집회에서 **의결권을 행사할 자로 정하여야 한다.**

22. **지분이 동등하여 의결권 행사자를 정하지 못할 경우에는** 그 전유부분의 공유자는 **지분비율로 개별적으로 의결권을 행사하여야 한다.** (×)

- 재건축 결의 ⇨ 4/5
  ① 서면으로 촉구
  ② 촉구 ⇨ 확답 × ⇨ 참여 ×

---

23. **재건축 결의는** 구분소유자 및 의결권의 **각 5분의 4 이상의 결의에** 의한다.

24. 관광진흥법에 따른 휴양 콘도미니엄업의 운영을 위한 휴양 **콘도미니엄의** 재건축 결의는 구분소유자 및 의결권의 **3분의 2 이상의 결의에** 따른다.

25. 재건축 결의 후 재건축 참가 여부를 **서면으로 촉구**받은 재건축반대자가 법정기간 내에 **회답하지 않으면 재건축에 참가하겠다는 회답을 한 것으로 본다.** (×)

- 담보책임
  ① 분양자와 시공자 ⇨ 담보책임 ○
  ② 전유부분에 대한 담보책임 ⇨ 구분소유자에게 인도한 날로부터 기간을 기산
  ③ 공용부분에 대한 담보책임 ⇨ 사용검사일 또는 사용승인일로부터 기간을 기산

---

26. **분양자는** 전유부분을 양수한 구분소유자에 대하여 **담보책임을 지지 않는다.** (×)

27. **전유부분에 관한 담보책임의 존속기간은 사용검사일부터 기산한다.** (×)

정 답

01 민법총칙

1	2	3	4	5	6	7	8	9	10
③	②	④	④	④	①	③	③	⑤	③
11	12	13	14	15	16				
④	③	③	⑤	⑤	①				

02 물권법

1	2	3	4	5	6	7	8	9	10
②	②	③	①	④	②	②	⑤	⑤	③
11	12	13	14	15	16	17	18		
①	④	②	④	④	⑤	②	③		

03 계약법

1	2	3	4	5	6	7	8	9	10
⑤	④	②	①	③	⑤	④	④	②	③
11	12	13	14	15					
⑤	③	④	①	④					

04 민사특별법

1	2	3	4	5	6	7	8	9	10
④	②	③	⑤	②	③	④	⑤	②	④
11	12	13							
①	③	④							

제36회 공인중개사 시험대비 **전면개정**

2025 **박문각** 공인중개사
김덕수 파이널 패스 100선 1차 민법·민사특별법

초판인쇄 | 2025. 8. 5. **초판발행** | 2025. 8. 10. **편저** | 김덕수 편저
발행인 | 박 용 **발행처** | (주)박문각출판 **등록** | 2015년 4월 29일 제2019-000137호
주소 | 06654 서울시 서초구 효령로 283 서경빌딩 4층 **팩스** | (02)584-2927
전화 | 교재 주문 (02)6466-7202, 동영상문의 (02)6466-7201

저자와의
협의하에
인지생략

이 책의 무단 전재 또는 복제 행위는 저작권법 제136조에 의거, 5년 이하의 징역 또는 5,000만원 이하의 벌금에 처하거나 이를 병과할 수 있습니다.

정가 22,000원
ISBN 979-11-7519-035-1

브랜드만족 **1위** 박문각

2025

박문각

파이널 패스
핵심이론 +100선

부록 **민법 모아모아 한방**

김덕수 1차
민법·민사특별법

CONTENTS

이 책의 **차례**

01	묵시적 의사표시	····	4
02	강행규정과 임의규정	····	6
03	제3자 관계	····	8
04	선의 무과실 요부	····	11
05	입증책임과 추정	····	14
06	시점 ⇨ 언제부터	····	18
07	추 인	····	23
08	등기와 등기청구권	····	25
09	경 매	····	28
10	행위당시를 기준	····	34

11	무효와 취소에 있어서 손해배상책임	···· 36
12	해제와 이자 및 손해배상책임	···· 37
13	당사자가 변경된 경우	···· 38
14	상 속	···· 40
15	제한능력	···· 42
16	비용상환청구권	···· 44
17	양도 및 분리 양도	···· 46
18	최고 및 존속기간	···· 48
19	매수청구권	···· 49
20	법정갱신	···· 50

01 | 묵시적 의사표시

• 의사표시 ⇨ **묵시적(행동)으로 가능**

1. 수권행위는 **묵시적으로 할 수 있다.**

2. 대리에 있어 본인을 위한 것임을 표시하는 현명은 **묵시적으로 할 수는 없다.** (×)

3. 본인의 **묵시적 승낙**에 기초한 임의대리인의 복임권행사는 **허용되지 않는다.** (×)

4. 무효행위의 추인은 **명시적인 의사표시로 하여야 한다.** (×)

5. 조건을 붙이고자 하는 의사는 법률행위의 내용으로 외부에 표시되어야 하므로 그 의사표시는 **묵시적 방법으로는 할 수 없다.** (×)

6. 무효등기의 유용에 관한 합의 내지 추인은 **묵시적으로 이루어질 수 있다.**

7. 중간생략등기의 합의는 순차적 또는 **묵시적으로 할 수 있다.**

8. 매매계약의 합의해제는 **묵시적으로는 할 수 없다.** (×)

9. 대리행위의 성질상 **대리인에 의한 처리가 필요하지 않다면**, 특별한 사정이 없는 한 복대리인의 선임에 관하여 **묵시적 승낙이 있는 것으로 볼 수 있다.**

10. **대리인의 능력에 따라** 사업의 **성공여부가 결정되는 사무**에 대해 대리권을 수여받은 자는 본인의 **묵시적 승낙으로도 복대리인을 선임할 수 있다.** (×)

11. **본인이** 무권대리행위를 알면서도 **상대방에게 매매대금을 청구하여 전부를 수령하였다면**, 특별한 사정이 없는 한, 위 계약을 **추인한 것으로 볼 수 있다.**

12. 무권대리인이 차용한 금전의 변제기일에 채권자가 본인에게 변제를 독촉하자 **본인이 그 유예를 요청한 경우에는 추인한 것으로 본다.**

13. 본인의 장남이 서류를 위조하고 매매한 부동산을 **본인이** 매수인에게 **인도하고** 장기간 이의를 제기하지 않은 경우에는 **추인한 것으로 본다.**

14. 본인이 무권대리행위에 대해 즉시 **이의를 제기하지 아니하고 이를 장기간 방치한 사실만으로도 추인한 것으로 본다.** (×)

15. 무권대리행위가 범죄가 되는 경우에 본인이 그 사실을 알고도 **장기간 형사고소를 하지 않은 것만으로 묵시적 추인이 된다.** (×)

16. **매도인이** 잔금기일 경과 후 해제를 주장하며 **수령한 대금을 공탁하고 매수인이 이의 없이 수령한 경우**, 특별한 사정이 없는 한 **합의해제된 것으로 본다.**

17. 계약이 일부이행된 경우, 그 원상회복에 관하여 **의사가 일치되지 않아도** 계약의 **묵시적 합의해제가 인정될 수 있다.** (×)

02 | 강행규정과 임의규정

> • 강행규정 중 단속규정

1. **무허가 음식점**에서 음식물을 판매하는 행위는 **강행규정 위반으로 무효**이다. (×)

2. 조세포탈목적으로 한 **중간생략등기도** 실체관계와 부합하면 **유효**이다.

3. 주택법의 **전매행위 제한을 위반**하여 한 전매약정은 **무효**이다. (×)

4. 개업공인중개사가 중개의뢰인과 **직접 거래하는 행위를 금지**하는 공인중개사법 규정은 **단속규정**이다.

> • 강행규정(효력규정)

5. **토지거래허가구역 내**에서 이루어진 **중간생략등기도** 실체관계와 부합하면 **유효하다**. (×)

6. 지상권자가 **2년 이상**의 지료를 지급하지 아니한 때에는 지상권설정자는 지상권의 소멸을 청구할 수 있으나, 당사자의 **약정으로 그 기간을 단축할 수 있다**. (×)

7. 저당목적물인 토지에 대하여 **법정지상권을 배제하는** 저당권설정 당사자 사이의 **약정은 효력이 없다.**

8. 임대차기간 중에 **부속물매수청구권을 배제하는** 당사자의 **약정은 임차인에게 불리하더라도 유효하다.** (×)

9. 임대차종료 전 **지상물** 일체를 **포기**하기로 하는 당사자 간의 **약정은 특별한 사정이 없는 한 무효이다.**

10. 차임증액금지 특약은 유효이지만 **차임감액금지의 특약은 무효**이다.

> • 임의규정

11. 당사자의 **합의로 착오**로 인한 취소규정의 **적용을 배제할 수 있다**.

12. **도달주의 원칙**을 정하는 민법규정은 **임의규정**이므로 당사자는 약정으로 의사표시의 효력발생시기를 달리 정할 수 있다.

13. **상린관계**에 관한 민법규정은 **임의규정**이다.

14. **유치권**은 법정담보물권이지만 당사자 간의 **약정으로 배제할 수 있다**.

15. 유치권자와 유치물의 소유자 사이에 **유치권을 포기하기로 특약한 경우, 제3자는 특약의 효력을 주장할 수 없다.** (×)

16. 저당권의 효력이 저당부동산의 **종물에 미치지 않도록 한 약정은 유효**이나, **제3자에게 대항**하기 위해서는 **등기**를 해야 한다.

17. **위험부담**에 관한 민법규정은 **임의규정**이므로 당사자 간의 특약으로 달리 정할 수 있다.

18. 계약당사자가 **계약금에 기한 해제권을 배제하기로 하는 약정**을 하였다면, 각 당사자는 **해제권을 행사할 수 없다.**

19. **담보책임의 면제특약은 유효**이나, 하자의 존재를 매도인이 알고 이를 매수인에게 고지하지 않은 경우에는 그 책임을 면할 수 없다.

20. 임차인의 **비용상환청구권**에 관한 규정은 **강행규정**이다. (×)

21. 임차인이 **수선의무**를 부담한다는 **특약**은 임차인에게 불리하므로 **무효**이다. (×)

22. **원상복구약정을 한 경우에는** 임차인이 **유익비상환청구권을 포기**하기로 **특약**한 것으로 본다.

23. '임차인은 임대인의 동의 없이 **임차권을 양도 및 전대할 수 없다**'는 민법규정은 **임의규정**이다.

03 | 제3자 관계

> • 무효
> 1. **절대적 무효(원칙)** ⇨ 모든 제3자에게 무효를 주장 ○
> 2. **비진의표시, 통정허위표시** ⇨ **선의의 제3자**에게 무효를 주장 ×
> 3. **명의신탁** ⇨ 선의 **악의** 불문하고 **제3자**에게 무효를 주장 ×

1. **강행규정위반의 무효**는 선의의 제3자에게도 주장할 수 있다.

2. **반사회적 법률행위의 무효**는 선의의 제3자에게도 대항할 수 있다.

3. **반사회적 법률행위에 해당하는 제2매매계약**에 기초하여 제2매수인으로부터 그 부동산을 매수하여 등기한 **선의의 제3자**는 제2매매계약의 **유효를 주장할 수 있다.** (×)

4. **불공정한 법률행위의 무효**는 선의의 제3자에게 대항할 수 없다. (×)

5. **무효인 소유권이전등기에 터 잡아** 이루어진 근저당권설정등기는 무효이지만, 무효인 근저당권에 기한 경매절차에서 **경락받은 자는 그 소유권을 취득할 수 있다.** (×)

6. **피담보채권의 소멸 후** 저당권의 말소등기가 경료되기 전에 그 저당권부 채권의 압류 및 전부명령을 받아 저당권이전등기를 경료한 자는 그 **저당권을 취득할 수 있다.** (×)

7. **비진의표시**에 해당하여 **무효인 경우, 선의의 제3자에게 대항할 수 없다.**

8. **선의의 제3자에 대해서는** 통정허위표시의 당사자뿐만 아니라 **그 누구도 통정허위표시의 무효로 대항할 수 없다.**

9. **통정허위표시의 제3자가 악의라도** 그 전득자가 통정허위표시에 대하여 **선의인 때에는 전득자에게** 허위표시의 **무효를 주장할 수 없다.**

10. 수탁자와 거래한 **제3자는 악의라도** 소유권을 **취득한다.**

11. 부동산 **명의신탁약정의 무효**는 수탁자로부터 그 부동산을 취득한 **악의의 제3자에게 대항할 수 있다.** (×)

- **취소**
1. **제한능력** ⇨ **절대적 취소** ⇨ **모든 제3자에게 대항** ○
2. 착오, 사기, 강박 ⇨ 선의의 제3자에게 대항 ×

12. **제한능력**을 이유로 **취소**한 경우에는 선의의 제3자에게 대항**할 수 있다.**

13. 사기에 의한 의사표시의 **취소**는 선의의 제3자에게 대항하지 못한다.

- **비통착사강**에 있어서 제3자 ⇨ **새로운** 이해관계인

14. 가장양수인으로부터 소유권이전등기청구권 보전을 위한 **가등기를 경료받은 자**는 통정허위표시의 무효로 대항할 수 없는 **제3자에 해당한다.**

15. **가장채권을 가압류한 채권자**가 있는 경우, 그 가압류채권자가 **선의라면** 그에게 허위표시의 무효를 가지고 **대항할 수 없다.**

16. 가장근저당권설정계약이 유효하다고 믿고 그 피담보**채권을 가압류한 자**는 통정허위표시의 무효로 대항할 수 없는 **제3자에 해당하지 않는다.** (×)

- **파산관재인** ⇨ 파산채권자 모두가 악의가 아닌 한 ⇨ **선의의 제3자**

17. **파산관재인은** 파산채권자 모두가 악의가 아닌 한 **선의의 제3자이다.**

18. 파산자가 가장채권을 보유하고 있다가 파산이 선고된 경우, **파산채권자 중 일부라도 악의라면** 파산관재인은 **선의의 제3자라고 할 수 없다.** (×)

19. 파산관재인이 통정허위표시와 관련하여 보호받은 제3자로 등장하는 경우, **모든 파산채권자가 선의인 경우에 한하여** 그의 선의가 인정된다. (×)

- 제3자를 위한 계약에 있어서 제3자(수익자) ⇨ 제3자에 해당 ×

20. **제3자를 위한 계약**이 통정허위표시에 해당하여 **무효**인 경우, 요약자는 **선의의 제3자에게 무효로 대항할 수 없다.** (×)

21. **제3자를 위한 계약**이 사기를 이유로 **취소된 경우, 제3자는 선의라도** 낙약자에게 **이행을 청구할 수 없다.**

> - **해제**에 있어서 제3자 ⇨ **완전한 권리를 취득한 자**
> 1. **부동산에 등기, 등록한 자** ⇨ 제3자 보호 ○
> 2. 채권을 양수, 압류, 가압류한 자 ⇨ 제3자 보호 ×
> 3. **해제 후** ⇨ **선의의 제3자 보호** ○

22. 소유권이전등기를 경료받은 매수인의 채권자가 그 **부동산을 압류 또는 가압류**한 경우, 해제로 인하여 보호받는 **제3자에 해당된다.**

23. 소유권이전등기를 경료받은 매수인으로부터 그 부동산을 매수하여 소유권이전청구권 보전을 위한 **가등기를 마친 자는** 해제로 인하여 보호받는 **제3자에 해당하지 않는다.** (×)

24. 주택의 **임대권한을 부여받은 매수인으로부터** 계약이 해제되기 전에 주택을 임차한 후, **대항요건을 갖춘** 임차인은 해제로 인하여 보호받는 **제3자에 해당된다.**

25. 계약이 **해제**된 경우, 해제되기 이전에 계약상의 **채권을 압류한 자는 제3자에 해당되지 않는다.**

26. **매매대금채권이 양도된 후** 매매계약이 **해제**된 경우, **그 양수인은** 해제로 권리를 침해당하지 않는 **제3자에 해당한다.** (×)

27. 매매계약이 적법하게 **해제**된 경우, 해제 전에 매수인의 **소유권이전등기청구권을 압류한 자는** 해제로부터 보호되는 **제3자에 해당하지 않는다.**

28. 계약이 **해제된 후** 매수인으로부터 **제3자가** 매수하고 **등기를 경료한 경우, 선의의 제3자는 소유권을 취득할 수 있다.**

29. 해제된 계약으로부터 생긴 법률효과에 기초하여 **해제 후** 말소등기 전에 새로운 이해관계를 맺은 **제3자는 그 선의·악의를 불문하고** 해제에 의하여 영향을 받지 않는다. (×)

> - 양도담보권자가 처분 ⇨ **선의의 제3자는 소유권 취득**

30. **양도담보권자가** 담보목적 부동산에 대하여 청산절차를 거치지 아니한 채 **제3자에게 부동산을 처분한 경우, 선의의 제3자는 소유권을 확정적으로 취득한다.**

31. **양도담보** 목적 부동산을 양수한 **제3자가 악의인 경우에도 제3자는 소유권을 취득할 수 있다.** (×)

04 | 선의 무과실 요부

> • 비진의표시
> 1. 상대방이 **무과실** ⇨ **유효**
> 2. 상대방이 **과실** ⇨ **무효**

1. 甲이 자신의 토지를 乙에게 증여의사 없이 증여하고 이전등기를 한 후, 乙은 그것을 丙에게 매도한 경우, 乙이 선의·무과실이면 丙은 악의이더라도 소유권을 취득한다.

2. 甲이 자신의 토지를 乙에게 증여의사 없이 증여하고 이전등기를 경료해 준 경우, 乙은 선의라면 **과실이 있더라도 소유권을 취득할 수 있다.** (×)

> • 비통착사강에 있어서 **제3자** ⇨ 선의이면 족하고, **무과실은 불요**

3. 비진의표시가 무효인 경우, **제3자는 선의·무과실이어야 보호된다.** (×)

4. **제3자가 통정허위표시의 무효에 대항하기 위해서는 선의·무과실이어야 한다.** (×)

5. 상대방과 통정한 허위의 의사표시는 무효이지만, 이러한 무효는 **과실로 인하여** 허위표시라는 사실을 **인식하지 못한 제3자에게 대항할 수 없다.**

6. 허위표시의 당사자는 **선의의 제3자에게 과실이 있다면** 의사표시의 **무효를 그 제3자에게 주장할 수 있다.** (×)

> • 제3자에 의한 사기 강박
> 1. **상대방이 알았거나 알 수 있었을 경우** ⇨ 과실 ⇨ 취소 ○
> 2. **상대방이 선의무과실인 경우** ⇨ 무과실 ⇨ 취소 ×

7. **제3자의 사기**에 의해 의사표시를 한 표의자는 **상대방이 그 사실을 알았거나 알 수 있었을 경우에** 그 의사표시를 **취소할 수 있다.**

8. 표의자가 **제3자의 사기**로 의사표시를 한 경우, **상대방이 그 사실을 과실로 알지 못한 경우**에는 표의자는 **취소할 수 없다.** (×)

> • 대리인의 사기 강박 ⇨ 언제나 취소 ○

9. **대리인의 기망행위**에 의해 계약이 체결된 경우, 계약의 상대방은 **본인이 선의이더라도** 계약을 **취소할 수 있다.**

10. 甲의 **대리인 乙의 사기**로 乙에게 매수의사를 표시한 丙은 **甲이 그 사실을 과실 없이 알지 못한 경우에는** 사기를 이유로 **취소할 수 없다.** (×)

11. **기망행위를 한 자가** 상대방의 **대리인**인 경우, 상대방이 그 사실을 **알았거나 알 수 있었을 경우에 한하여** 그 의사표시를 취소할 수 있다. (×)

> • 무권대리
> 1. 최고 ⇨ 선의악의 불문
> 2. 철회 ⇨ 선의만

12. 무권대리행위임을 **알았던 상대방은** 본인에게 **최고할 수 없다.** (×)

13. 계약체결 당시에 무권대리행위임을 **상대방이 알았더라도** 본인이 추인하기 전이라면 상대방은 계약을 **철회할 수 있다.** (×)

> • 무권대리인의 책임 ⇨ 상대방은 선의·무과실

14. 본인의 추인을 얻지 못한 경우, **상대방이** 무권대리에 관하여 **선의이더라도 과실이 있으면** 무권대리인은 상대방에게 계약을 이행할 **책임이 없다.**

> • 무권대리인의 책임 ⇨ 무권대리인은 **무과실책임**

15. 무권대리행위를 함에 있어서 **무권대리인에게 과실이 없는 경우에도 무권대리인의 책임은 발생한다.**

16. 무권대리행위가 **제3자의 기망 등 위법행위로** 야기되었더라도 무권대리인의 상대방에 대한 **책임은 부정되지 않는다.**

17. **무권대리인의** 상대방에 대한 **책임은** 대리권 흠결에 관하여 **무권대리인에게 귀책사유가 있어야만 인정된다.** (×)

- **표현대리** ▷ 상대방은 선의·무과실

18. 대리권수여의 표시에 의한 **표현대리**가 성립하기 위해서는 대리권이 없다는 사실에 대해 **상대방은 선의·무과실이어야 한다.**

19. 권한을 넘은 **표현대리**가 성립하기 위해서는 **상대방은 선의·무과실이어야 한다.**

- **원시적 불능** ▷ 무효 ▷ **계약체결상 과실책임** ▷ 상대방은 선의·무과실

20. 상대방은 원시적 불능에 대하여 선의이며 **무과실이어야 한다.**

21. 목적이 **불능인 계약**을 체결할 때에 그 불능을 알 수 있었을 자는 **상대방이** 그 불능을 **알 수 있었더라도** 이행이익을 넘지 않은 한도에서 상대방에게 **신뢰이익을 배상하여야 한다.** (×)

- 매수인이 '악의'인 때에도 담보책임이 인정되는 경우
1. **전부타인권리** ▷ **해제권**
2. **일부타인권리** ▷ **대금감액청구권**
3. **저당권·전세권의 행사** ▷ **해제권과 손해배상청구권**

22. **전부타인**권리매매에서 **악의의 매수인은 해제할 수 없다.** (×)

23. **전부타인**권리매매에서 **매수인은 선의인 경우에 한하여** 매도인에게 **손해배상책임을 물을 수 있다.**

24. **일부타인**권리매매에서 **악의의 매수인은 대금감액을 청구할 수 있다.**

25. **수량**을 지정한 매매의 목적물이 **부족**한 경우, **악의의 매수인은** 대금감액을 청구할 수 있다. (×)

26. 토지에 설정된 **저당권의 실행**으로 매수인이 소유권을 취득할 수 없게 된 경우, **악의의 매수인은** 계약해제와 손해배상을 청구할 수 **있다.**

05 | 입증책임과 추정

> • **무효와 취소에 있어서 입증책임**
> 1. 무효와 취소를 주장(효력을 부인)하려는 자 ⇨ 모두 입증
> 2. **착오 ⇨ 중대한 과실 ⇨ 상대방이 입증**

1. 불공정한 법률행위의 요건에 대한 **증명책임은 그 무효를 주장하는 자에게 있다.**

2. 급부와 반대급부 사이에 현저한 불균형이 존재하면 궁박이 **추정된다.** (×)

3. 상대방이 알았거나 알 수 있었다는 사실에 대해서는 비진의표시의 **무효를 주장하는 자가** 이를 **입증하여야 한다.**

4. 통정허위표시에서 제3자는 선의로 추정되므로, **제3자의 악의는 무효를 주장하는 자가 입증책임을 진다.**

5. 사기를 이유로 매매계약이 취소된 경우, 매수인으로부터 전득한 **제3자가 자신의 선의를 증명하지 못하면**, 매도인은 제3자에게 취소의 효과를 주장할 수 있다. (×)

6. 착오에 있어서 **중대한 과실**에 대한 **입증책임은 상대방에게 있다.**

7. 착오에 있어서 **중대한 과실**에 대한 **입증책임**은 법률행위의 **유효를 주장하는 자에게 있다.**

8. 표의자의 **중대한 과실 유무**는 착오에 의한 의사표시의 **효력을 부인하는 자가 증명**하여야 한다. (×)

9. **착오자는 중요부분의 착오라는 사실과 자신에게 중과실이 없다는 사실을 입증해야 취소할 수 있다.** (×)

> • 도달 ⇨ 효력을 주장하는 자(표의자)가 증명
> 1. 내용증명우편, 등기우편 ⇨ 도달 추정 ○
> 2. 보통우편 ⇨ 도달 추정 ×

10. 의사표시가 기재된 **내용증명우편**이 발송되고 달리 반송되지 않았다면 특별한 사정이 없는 한 그 의사표시는 **도달된 것으로 본다**.

11. **보통우편**의 방법으로 발송된 의사표시는 상당기간 내에 **도달하였다고 추정된다**. (×)

> • 조건에 있어서 입증책임

12. 법률행위에 조건이 붙어 있다는 사실은 그 **조건의 존재를 주장하는 자가 증명해야** 한다.

13. **정지조건부** 법률행위에 해당한다는 사실은 그 **법률효과의 발생을 다투려는 자에게 주장 입증책임**이 있다.

14. **정지조건**의 경우에는 **권리를 취득하려는 자**가 조건성취에 대한 증명책임을 부담한다.

15. **정지조건부** 채권양도에 있어서 **정지조건이 성취되었다는 사실**은 채권양도의 **효력을 주장하는 자에게 그 입증책임**이 있다.

> • 등기의 추정력
> 1. **가등기** ⇨ **추정력** ×
> 2. **소유권보존등기** ⇨ **원시취득**한 사실이 추정
> 3. **소유권이전등기** ⇨ **승계취득**한 사실이 추정
> 4. **등기를 신뢰** ⇨ **무과실 추정**

16. 소유권이전청구권 보전을 위한 **가등기**가 있으면, 소유권이전등기를 청구할 어떠한 법률관계가 있다고 **추정된다**. (×)

17. **소유권보존등기의 명의자가 건물을 신축한 것이 아니더라도** 등기의 추정력은 인정된다. (×)

18. **소유권보존등기의 명의인이** 부동산을 **양수받은 것이라 주장**하고 전소유자는 양도사실을 부인하는 경우에도 그 **보존등기의 추정력은 인정된다**. (×)

19. 「임야소유권 이전등기에 관한 **특별조치법**」에 의한 **소유권보존등기**가 경료된 임야에 관하여는 그 임야를 **사정받은 사람이 따로 있는 것이 사후에 밝혀진 경우라도**, 그 등기는 실체적 권리관계에 부합하는 등기로 **추정된다.**

20. **소유권이전등기**의 원인으로 주장된 **계약서가 진정하지 않은 것으로 증명된 경우**에는 그 등기의 **추정력은 깨진다.**

21. **소유권이전등기명의자는** 제3자뿐만 아니라 그 **전소유자에 대하여도** 적법한 등기원인에 의하여 소유권을 취득한 것으로 **추정된다.**

22. **매매를 원인으로 하여** 甲에게서 乙 앞으로 마쳐진 **소유권이전등기**에 대해 甲이 매매의 부존재를 이유로 그 말소를 청구하는 경우, 乙은 **등기의 추정력을 주장할 수 없다.** (×)

23. **등기명의인이 등기원인을 다소 다르게 주장**한다고 하여 이로써 **추정력이 깨어지는 것은 아니다.**

24. **매매로** 인한 소유권**이전등기**에서 **등기명의자가 등기원인을 증여로 주장**하였다면 등기의 **추정력은 깨진다.** (×)

25. 부동산 **등기명의인**이 매도인인 경우 **그를 소유자로 믿고** 그 부동산을 매수하여 점유하는 자는 특별한 사정이 없는 한 **과실 없는 점유자**에 해당한다.

> • **점유의 추정**
> 1. 점유자 ⇨ **무과실** ⇨ 추정 ×
> 2. 점유자 ⇨ **무과실** ⇨ 스스로 입증
> 3. 점유자 ⇨ **권리 추정** ⇨ 동산 ○, **부동산** ×

26. **점유자는** 스스로 **자주점유임을 증명하여야 한다.** (×)

27. 시효취득을 주장하는 **점유자는 자주점유를 증명할 책임이 없다.**

28. **토지점유자가** 소유자를 상대로 소유권이전등기말소청구의 **소를 제기하였다가 패소한 경우**, 자주점유의 추정이 번복되어 **타주점유로 전환된다고 할 수 없다.**

29. **점유자가 스스로** 매매 등과 같은 자주점유의 권원을 **주장하였으나** 이것이 인정되지 않는 경우, 이 이유만으로도 **자주점유의 추정은 깨진다.** (×)

30. 진정한 소유자가 제기한 소유권이전등기의 **말소소송에서 점유자가 패소한 경우**, 패소판결 **확정 후부터** 점유자의 점유는 **타주점유로 전환된다**.

31. **점유자는** 소유의 의사로 **과실 없이** 점유한 것으로 **추정된다.** (×)

32. 등기부취득시효를 주장하는 **점유자는** 스스로 **무과실을 입증하여야 한다**.

33. 점유자가 **점유물**에 대하여 행사하는 **권리**는 **적법**하게 보유한 것으로 **추정**된다.

34. **점유자**의 **권리**적법추정은 특별한 사정이 없는 한 동산 및 **부동산 물권에 적용된다.** (×)

• 통행지역권을 주장하는 자 ⇨ 요역지가 있음을 증명

35. 어느 토지에 대하여 **통행지역권을 주장하려면** 그 토지의 통행으로 편익을 얻는 **요역지가 있음을 주장·증명해야 한다**.

• 유치권자 ⇨ 적법한 점유자로 추정 ○

36. 물건의 **소유자는** 그 물건을 점유하는 제3자가 비용을 지출할 때에 점유권원이 없음을 알았거나 중대한 과실로 몰랐음을 **증명하여** 비용상환청구권에 기한 **유치권의 주장을 배척할 수 있다**.

37. 유치권을 주장하는 자는 자신의 점유가 **불법행위로 인한 것이 아님을 증명해야 한다**.
(×)

06 | 시점 ⇨ 언제부터

> • 무권리자의 처분행위, 무권대리행위 ⇨ 추인 ⇨ **소급 유효**

1. **처분권한 없는 자의 처분행위**에 대하여 **처분권자가 이를 추인하여 유효한 것으로 할 수 있다.**

2. 甲의 소유물을 乙이 **처분권한 없이 처분**한 경우, 甲이 이를 **추인하면** 원칙적으로 **그 때부터 새로운 법률행위를 한 것으로 본다.** (×)

3. **무권대리행위의 추인은** 제3자의 권리를 해하지 않는 한, 다른 의사표시가 없으면 **계약시에 소급하여** 그 효력이 생긴다.

4. 본인이 **무권대리행위를 추인**하면 **추인한 때로부터** 효력이 발생한다. (×)

> • **무효행위의 추인** ⇨ 소급 ×

5. 무효인 법률행위의 당사자가 그 **무효임을 알고 추인한 때에는 새로운 법률행위로 본다.**

6. **무효**인 가등기를 **유효**한 등기로 **전용**하기로 약정하였다면, 가등기는 **소급하여** 유효한 등기로 된다. (×)

7. 매도인이 **통정한 허위의 매매를 추인**한 경우, 다른 약정이 없으면 **계약을 체결한 때로부터** 유효로 된다. (×)

> • 토지거래허가 ⇨ **소급 유효**

8. 토지거래허가구역 내에서 **허가를 받으면** 매매계약은 **소급해서 유효**로 되므로 허가 후에 새로 매매계약을 체결할 필요는 없다.

- 취소 ⇨ **소급 무효**

9. **취소**된 법률행위는 원칙적으로 **처음부터** 무효인 것으로 본다.

10. 법률행위가 **취소**되면, 그 법률행위는 **취소한 때부터** 무효가 된다. (×)

- 취소권 행사기간 ⇨ 추인 3년, 법률행위 10년

11. 취소권은 **추인**할 수 있는 날로부터 **3년** 내에, **법률행위**를 한 날로부터 **10년** 내에 행사하여야 한다.

12. 취소권자의 단기제척기간은 **취소**할 수 있는 날로부터 **3년**이다. (×)

- **조건**
1. 원칙 ⇨ **소급** ×
2. 당사자 소급 **의사** ○ ⇨ **소급** ○

13. **정지조건부** 법률행위는 조건이 **성취된 때로부터** 효력이 **발생한다**.

14. 정지조건부 법률행위는 **조건이 성취되면 법률행위를 한 때로부터** 효력이 발생하는 것이 원칙이다. (×)

15. 해제조건부 증여로 인한 부동산소유권이전등기를 마쳤다 하더라도 그 **해제조건이 성취되면** 그 소유권은 증여자에게 **소급하여** 복귀한다. (×)

16. 당사자가 **조건성취의 효력**을 그 성취 전에 **소급**하게 할 **의사를 표시**한 때에는 **그 의사에 의한다.**

17. 당사자가 **조건성취의 효력**을 그 성취 전에 **소급**하게 할 **의사를 표시**한 경우에도 그 효력은 **조건이 성취된 때부터** 발생한다. (×)

18. 당사자가 **조건성취의 효력**을 그 성취 전에 **소급**하게 할 **의사를 표시**한 경우, 그 **의사표시는 무효이다.** (×)

- **기한** ⇨ 소급 × ⇨ 의사 소급 × ⇨ **절대 소급 ×**

19. **기한의 효력**은 기한 도래시부터 생기며 당사자가 **특약**을 하더라도 소급효가 없다.

20. **기한**에는 소급효가 없으나 당사자의 **특약으로 소급효를 인정할 수 있다.** (×)

- **가등기에 기한 본등기**
1. 순위는 소급 ○
2. **물권변동의 시기는 소급 ×**

21. 가등기에 기하여 본등기가 경료되면 **물권변동의 효력은 가등기한 때로 소급하여 발생한다.** (×)

- **선의의 자주점유자가 본권의 소에서 패소한 경우**
1. **선의** ⇨ **악의** ⇨ **소제기시**
2. **자주** ⇨ **타주** ⇨ **판결확정시**

22. **선의**의 점유자가 본권에 관한 소에서 패소한 때에는 **소제기시부터 그 이후의 과실은 반환해야 한다.**

23. **선의**의 점유자라도 본권에 관한 소에서 패소한 때에는 **그 판결이 확정된 때로부터 악의**의 점유자로 본다. (×)

24. **진정한 소유자**가 점유자를 상대로 소유권이전등기의 말소청구소송을 제기하여 점유자의 패소가 확정된 경우, 그 **소가 제기된 때부터** 점유자의 점유는 **타주점유로 전환된다.** (×)

> • 시효취득 ⇨ 점유를 개시한 때로 소급 ⇨ 제3자 보호 ○

25. 시효취득에 의한 소유권취득의 효과는 **점유를 개시한 때에 소급한다.**

26. 취득시효 **완성 후** 그로 인한 등기 전에 **소유자가 저당권을 설정한 경우**, 특별한 사정이 없는 한 시효완성자는 등기를 함으로써 **저당권의 부담이 있는 소유권을 취득한다.**

27. 취득시효**완성 후** 등기 전에 **원소유자가** 시효완성된 토지에 **저당권을 설정**하였고, 등기를 마친 **시효취득자가 피담보채무를 변제한 경우**, 원소유자에게 **부당이득반환을 청구할 수 있다.** (×)

> • 격지자 ⇨ **승낙** ⇨ **발송**

28. 격지자 간의 계약은 **승낙**의 통지가 **도달**한 때에 성립한다. (×)

29. 격지자 간의 계약에서 **청약**은 상대방에게 **발송**한 때에 효력이 발생한다. (×)

30. 당사자 간에 동일한 내용의 **청약이 상호 교차된 경우**, 양 청약이 상대방에게 **발송한 때에** 계약이 성립한다. (×)

> • 의사실현 ⇨ 사실이 있는 때에 성립

31. 청약자의 의사표시에 의하여 승낙의 통지가 필요 없는 경우, 계약은 승낙의 의사표시로 인정되는 **사실이 있는 때에 성립한다.**

32. 관습에 의하여 승낙의 의사표시가 필요하지 아니한 경우, **계약의 성립시기는 청약자가** 승낙의 의사표시로 인정되는 사실을 **알게 된 때이다.** (×)

> • 해제 ⇨ 소급 소멸 ⇨ 원상회복의무

33. **해제로 인한 원상회복의무는** 부당이득반환의무의 성질을 가지고, 그 반환의무의 범위는 선의·악의를 불문하고 **받은 이익 전부이다.**

34. 계약이 **해제**된 경우 금전을 수령한 자는 **해제한 날부터** 이자를 가산하여 반환하여야 한다. (×)

35. 이행지체로 인해 매매계약이 **해제**된 경우, **선의의 매수인은** 매매목적물로부터 취득한 **과실을 반환할 의무가 없다.** (×)

> • 명의신탁 ⇨ **혼인한 때부터** 유효

36. 명의신탁이 무효인 경우, 신탁자와 수탁자가 **혼인**하면 **명의신탁약정이 체결된 때로부터** 위 명의신탁은 유효하게 된다. (×)

> • 담보책임
> 1. **전유부분**에 대한 담보책임 ⇨ 구분소유자에게 **인도한 날로부터** 기간을 기산
> 2. 공용부분에 대한 담보책임 ⇨ 사용검사일 또는 사용승인일로부터 기간을 기산

37. **전유부분**에 관한 담보책임의 존속기간은 **사용검사일부터 기산한다.** (×)

07 | 추 인

> 1. 무권리자의 처분행위 ⇨ 추인 ⇨ 소급 유효
> 2. 무권대리행위 ⇨ 추인 ⇨ 소급 유효
> 3. 무효행위의 추인
>   ① 질서위반 ○ ⇨ 추인 ⇨ 무효
>   ② 질서위반 × ⇨ 추인 ⇨ 새로운 법률행위 ⇨ 소급 ×

1. 무효행위의 추인은 그 **무효원인이 소멸한 후에 하여야** 효력이 있다.

2. **강행규정을 위반**하여 무효인 법률행위는 **추인에 의하여 유효로 될 수 없다.**

3. **불공정한 법률행위**는 추인으로 유효로 될 수 없지만 **법정추인은 인정된다.** (×)

4. **반사회적 법률행위**도 당사자가 무효임을 알고 **추인하면 새로운 법률행위를 한 것으로 본다.** (×)

> • 취소할 수 있는 법률행위를 취소한 후 ⇨ 추인
> 1. 취소할 수 있는 법률행위의 추인 ×
> 2. **무효행위의 추인** ○

5. 취소할 수 있는 법률행위를 **취소한 후에는 취소할 수 있는 법률행위의 추인을 다시 할 수 없다.**

6. 취소할 수 있는 법률행위를 **취소한 후에는 무효행위의 추인도 할 수 없다.** (×)

7. 취소의 원인이 소멸한 후에 **취소된 계약을 다시 추인**하게 되면 **새로운 계약을 한 것으로 본다.**

8. 취소의 원인이 소멸한 후에 **취소된 계약을 다시 추인**하게 되면 계약체결시에 **소급해서 유효로 된다.** (×)

> • 취소할 수 있는 법률행위의 추인
> 1. **취소의 원인이 소멸한 후** ⇨ 능력자가 된 후, 착오와 사기를 안 후,
>   강박상태에서 벗어난 후
> 2. **법정대리인** ⇨ 취소의 원인이 소멸하기 전 ⇨ 추인 ○

9. **법정대리인**은 취소의 원인이 **소멸하기 전에도 추인할 수 있다.**

10. **법정대리인**은 취소의 원인이 소멸하기 전에는 **추인할 수 없다.** (×)

11. 제한능력자의 법률행위에 대한 **법정대리인의 추인**은 취소의 원인이 **소멸된 후에 하여야** 그 효력이 있다. (×)

> • 취소할 수 있는 법률행위의 법정추인
> 1. **추인요건** ○
> 2. **취소권자가** 취소하지 않을 것처럼 **행동한 경우** ⇨ 상 청 양 ×
> 3. **이의를 보류한 때**(추인하는 것이 아니라고 명시한 때) ⇨ **법정추인** ×

12. **취소권자가 이의보류 없이** 상대방으로부터 일부의 **이행을 수령한 경우에는 법정추인이 된다.**

13. 채무자가 **사기를 당했음을 알지 못하고** 채권자에게 계약상의 채무를 이행한 경우에는 그 계약을 **추인한 것으로 볼 수 없다.**

14. **미성년자가 스스로** 취소할 수 있는 법률행위로부터 생긴 채무를 **이행한 경우 법정추인이 된다.** (×)

15. 취소권자가 **상대방**으로부터 **이행청구**를 받은 경우에는 **법정추인이 되지 않는다.**

16. 취소할 수 있는 법률행위에서 취소권자의 **상대방이** 취소할 수 있는 행위로 취득한 권리를 **양도**하는 경우 **법정추인이 된다.** (×)

08 | 등기와 등기청구권

> • 등기를 요하는 부동산물권변동
> 1. 법률행위
> 2. 점유취득시효완성

1. **매매**를 원인으로 한 소유권이전등기청구소송에서 **승소판결**이 확정된 경우에도 **등기하여야** 소유권을 취득한다.

2. 소유권이전을 내용으로 하는 **화해조서**가 작성된 경우, **등기 없이도** 소유권을 취득한다. (×)

3. 부동산공유자의 **공유지분 포기**의 의사표시가 다른 공유자에게 **도달하더라도** 이로써 **곧바로** 포기에 따른 **물권변동의 효력이 발생하는 것은 아니다.**

4. 부동산에 대한 **합유지분의 포기**는 형성권의 행사이므로 **등기하지 않더라도 포기의 효력이 생긴다.** (×)

5. 미등기부동산의 점유자는 **취득시효완성만으로 즉시** 부동산의 **소유권을 취득한다.** (×)

6. 공유물분할의 조정절차에서 **협의에 의하여 조정조서가 작성**되더라도 그 즉시 공유관계가 **소멸하지는 않는다.**

7. **공유물분할판결**에 의해 물권변동의 효력이 생기기 위해서는 **등기를 요하지 않는다.**

8. 등기를 요하지 않는 물권취득의 원인인 **판결**이란 **이행판결**을 의미한다. (×)

9. 전세권이 **법정갱신**된 경우, 전세권자는 **등기 없이** 전세권설정자로부터 목적물을 취득한 제3자에 대하여 갱신된 권리를 **주장할 수 없다.** (×)

10. **법정지상권자**는 그에 관한 **등기 없이도** 토지소유권을 취득한 선의의 제3자에게 **지상권을 주장할 수 있다.**

> - 매수인의 등기청구권 ⇨ 채권적 청구권
> 1. **통상의 채권양도의 법리에 따라 양도** ×
> 2. 매수인이 **점유를 계속** ⇨ **소멸시효 진행** ×
> 3. 제3자에게 **처분**하고 점유를 승계하여 준 경우 ⇨ **소멸시효 진행** ×
> 4. 제3자의 **점유침탈**에 의해 점유를 상실한 경우 ⇨ **소멸시효 진행** ○

11. 부동산 **매매로 인한** 소유권이전**등기청구권은** 특별한 사정이 없는 한 그 권리의 성질상 양도가 제한되고 **그 양도에 채무자의 동의를 요한다.**

12. **매수인의** 매도인에 대한 소유권이전**등기청구권의 양도는** 매도인에 대한 **통지만으로 대항력이 생긴다.** (×)

13. **매수인이** 부동산을 인도받아 **사용·수익**하고 있는 이상 매수인의 이전등기청구권은 **시효로 소멸하지 않는다.**

14. 매수인이 부동산을 인도받아 **점유**하고 있다가 **제3자에게 처분하고 점유를 승계하여 준 경우**에는 매수인의 등기청구권은 **소멸시효에 걸리지 않는다.**

15. 제3자에 의해 매수인이 **점유를 침탈당한 경우**에는 **점유상실시부터** 매수인의 등기청구권은 **소멸시효가 진행한다.**

> - 시효완성자의 등기청구권 ⇨ 채권적 청구권
> 1. **통상의 채권양도의 법리에 따라 양도** ○
> 2. 시효완성자가 **점유를 계속** ⇨ **소멸시효 진행** ×
> 3. 시효완성자가 **점유를 상실** ⇨ 소멸시효 진행 ○ ⇨ **바로 소멸** ×

16. **취득시효완성으로 인한** 소유권이전**등기청구권의 양도는** 특별한 사정이 없는 한 등기의무자에게 **통지함으로써** 그에게 대항할 수 있다.

17. **취득시효완성으로 인한** 소유권이전**등기청구권은** 시효완성 당시의 등기명의인이 **동의해야만 양도할 수 있다.** (×)

18. **점유취득시효 완성으로** 인한 이전등기청구권은 **점유가 계속**되는 동안에는 **시효로 소멸하지 않는다.**

19. **점유취득시효완성자가** 그 토지에 대한 **점유를 상실한 경우**, 특별한 사정이 없는 한 시효완성을 원인으로 한 **등기청구권도 즉시 소멸한다.** (×)

> • 명의신탁 해지로 인한 등기청구권 ⇨ 물권적 청구권
> 1. 소멸시효 ×
> 2. 통상의 채권양도의 법리에 따라 양도 ×

20. 신탁자가 명의신탁약정을 **해지**하고 수탁자에게 행사하는 **등기청구권은** 소유권에 기한 물권적 청구권으로서 **소멸시효에 걸리지 않는다.**

21. 신탁자가 제3자에게 명의신탁 **해지**를 원인으로 한 **등기청구권을 양도**하였다고 하더라도 **수탁자가 양도에 대하여 동의하지 않고 있다면** 양수인은 수탁자에게 **직접 소유권이전등기 청구를 할 수 없다.**

> • 위조, 무효, 취소, 해제, 합의해제, 해제조건성취 ⇨ 물권적 청구권

22. 甲소유의 부동산을 乙이 등기에 필요한 문서를 **위조**하여 乙명의로 등기한 경우, 甲**의 말소 등기청구권은 물권적 청구권이다.**

23. 가등기에 기한 소유권이전등기청구권이 시효완성으로 소멸된 후 그 부동산을 취득한 제3자가 가등기권자에 대해 갖는 **등기말소청구권은 채권적 청구권이다.** (×)

24. 부동산 양도담보의 피담보채무가 전부 변제되었음을 이유로 **양도담보권설정자가 행사하는** 소유권이전등기**말소청구권은 소멸시효에 걸린다.** (×)

25. 특별한 사정이 없는 한 **합의해제**에 따른 부동산 **매도인의 원상회복청구권은** 소유권에 기한 물권적 청구권으로서 **소멸시효의 대상이 되지 않는다.**

09 | 경매

> • 경매 ⇨ 불공정한 법률행위 ×

1. **경매절차**에서 매각대금이 시가보다 현저히 저렴하더라도 **불공정한 법률행위를 이유로 그 무효를 주장할 수 없다.**

2. 경매절차에서 매각대금이 시가보다 현저히 저렴한 경우, 그 **경매는 불공정한 법률행위로서 무효이다.** (×)

> • 경매 ⇨ 저당권, 가등기담보권 ⇨ 소멸

3. **후순위지당권자의 경매신청**에 의해 **경매**가 된 경우에도 **선순위저당권은 소멸한다.**

4. **가등기담보권**이 설정된 부동산에 대하여 **경매**가 행해지면 **가등기담보권은 소멸한다.**

5. **담보가등기**를 마친 부동산이 **강제경매**를 통해 매각되어도, 담보가등기권리는 피담보채권액 전부를 변제받지 않으면 **소멸하지 않는다.** (×)

> • 저당권과 용익권의 관계(최선순위저당권이 기준)
> 1. **저당권 이전에 성립한** 용익권 ⇨ 경매 ⇨ 소멸 ×
> 2. **저당권 이후에 성립한** 용익권 ⇨ 경매 ⇨ 소멸 ○

6. 1번 저당권이 설정된 후 지상권이 설정되고 그 후 2번 저당권이 설정된 경우, 2번 저당권 실행으로 목적물이 매각되더라도 **지상권은 소멸하지 않는다.** (×)

7. **저당권이 설정된 주택을 임차하여 대항력을 갖춘 임차인**은 경매시 보증금을 전액 배당받지 못한 경우에도 **경락인에게 임차권으로 대항할 수 없다.**

> • **경매등기(압류효력발생) 후에** 성립한 유치권 ⇨ 경락인에게 대항 ×, 소멸

8. 강제경매절차에서 건물에 대한 **압류의 효력이 발생한 후에** 수급인이 건물의 **점유를 이전받은 경우에는 수급인은 유치권을 경락인에게 주장할 수 없다.**

9. 수급인이 경매개시결정의 기입등기 전에 채무자로부터 건물의 점유를 이전받았다면, **경매개시결정의 기입등기 후에 공사대금채권을 취득한 경우에도,** 수급인은 **유치권을 경락인에게 주장할 수 있다.** (×)

10. 유치권자가 **경매개시결정등기 전에** 부동산에 관하여 **유치권을 취득**하였더라도 그 취득에 앞서 저당권설정등기가 먼저 되어 있었다면, **경매절차의 매수인에게 자기의 유치권으로 대항할 수 없다.** (×)

> • 저당권 불법말소 ⇨ 경매 ⇨ 말소회복청구 ×

11. 甲소유 부동산에 설정된 **저당권이 불법으로 말소된 후 경매**로 乙에게 소유권이 이전된 경우, 배당받지 못한 저당권자는 甲을 상대로 **말소회복을 청구할 수 있다.** (×)

> • 저당물의 경매 ⇨ 법정지상권
> 1. 설정당시 동일인 소유
> 2. 공동저당 후 신축 ×

12. 토지에 관한 저당권설정 당시 해당 토지에 일시사용을 위한 **가설건축물**이 존재하였던 경우, **법정지상권은 성립하지 않는다.**

13. **나대지**에 1번 저당권을 설정한 후 건물이 신축되었고 그 후에 설정된 2번 저당권이 실행된 경우, **법정지상권은 발생할 수 없다.**

14. **토지에 저당권이 설정된 후에** 저당권자의 동의를 얻어 건물이 **신축된 경우라도 법정지상권이 성립한다.** (×)

15. 甲소유의 토지 및 건물에 乙이 **공동저당권을 취득한 후** 甲이 건물을 철거하고 다시 **신축한 경우**, 특별한 사정이 없는 한 저당권실행으로 토지와 신축 건물의 소유자가 다르게 되면 신축 건물을 위한 **법정지상권이 발생한다.** (×)

16. 甲소유의 토지에 설정된 저당권이 실행된 경우, **저당권설정 전부터 乙이 건물을 소유하고 있었다면** 乙은 **법정지상권을 취득하지 못한다.**

17. **토지에 저당권이 설정될 당시** 그 지상에 건물이 **토지소유자에 의하여 건축 중이었던 경우에도**, 저당권이 실행되면 **법정지상권이 발생한다.**

18. 건물이 **무허가 미등기** 건물인 경우에는 법정지상권은 **발생할 수 없다.** (×)

19. 乙 소유의 토지 위에 甲과 乙이 건물을 공유하면서 **토지에만 저당권을 설정**하였다가, 토지경매로 丙이 토지소유권을 취득한 경우에는 **법정지상권은 발생하지 않는다.** (×)

20. 토지에 저당권을 설정할 당시 동일인 소유의 건물이 존재하고 있다가 그 후 저당권의 실행으로 토지가 낙찰되기 전에 건물이 제3자에게 양도된 경우, 건물을 양수한 제3자는 **법정지상권을 취득한다.**

21. **동일인소유의 건물이 있는 토지에만 저당권을 설정한 후 그 건물을 철거하고 다시 신축한 때**에도 저당권의 실행으로 토지와 건물의 소유자가 달라지게 되면 **법정지상권이 발생한다.**

• 강제경매 ⇨ 관습법상 법정지상권 ⇨ 동일인 소유 판단 ⇨ **매각대금 완납시** ×

22. 가압류 후 본압류 및 **강제경매**가 이루어진 경우, 관습법상 법정지상권의 요건으로 '토지와 건물이 동일인 소유'인지 여부는 **매각대금의 완납시를 기준으로 한다.** (×)

23. **가압류 후** 본압류 및 **강제경매**가 이루어진 경우, 관습법상 법정지상권의 요건으로 '토지와 건물이 동일인 소유'인지 여부는 **가압류의 효력 발생시를 기준으로 한다.**

24. 토지에 대한 **강제경매**를 위한 압류 전에 저당권이 설정되어 있는 경우, 관습법상 법정지상권의 요건으로 '토지와 건물이 동일인 소유'인지 여부는 **저당권 설정당시를 기준으로 한다.**

- **건물 경락인 ⇨ 대지사용권 취득**

25. **건물에 대한 저당권이 실행**되어 경락인이 건물의 소유권을 취득한 때에는 특별한 사정이 없는 한 그 건물의 소유를 목적으로 한 **토지임차권도 경락인에게 이전된다.**

26. **법정지상권이 붙은 건물에 대해서 저당권이 실행**된 경우, **경락인**은 건물뿐만 아니라 법정지상권도 **등기 없이** 당연히 **취득한다.**

27. **전유부분에 대한 경매절차가 진행**되어 제3자가 이를 경락받은 경우, 수분양자가 분양대금을 완납하지 않았다면 **경락인은 대지사용권을 취득하지 못한다.** (×)

- **일괄경매청구권**
1. **나대지** ⇨ **설정자가** 신축하고 **소유**
2. **건물대가** ⇨ **우선변제** ×

28. 토지에 저당권을 설정할 당시에 **이미 건물이 존재**하고 있었던 경우에도 **일괄경매청구권이 인정된다.** (×)

29. 저당권설정자가 저당권 설정 후 건물을 축조하였으나 경매 당시 **제3자가 그 건물을 소유하는 때에도 일괄경매청구권이 인정된다.** (×)

30. 저당권설정자로부터 용익권을 설정받은 자가 건축한 건물이라도 **저당권설정자가 나중에 소유권을 취득하였다면 일괄경매청구가 허용된다.**

31. 토지와 건물이 **일괄경매**가 되더라도 저당권자는 **건물대가에서 우선변제를 받을 수는 없다.**

- **제3취득자**
1. 경매인 ○
2. 대위변제 ○
3. 비용 최우선상환 ○

32. 저당물의 소유권을 취득한 제3자는 그 저당물의 경매에서 **경매인이 될 수 없다.** (×)

33. 확정된 채권액이 최고액을 **초과**한 경우, **제3취득자는 최고액만을 변제하고** 근저당권 등기의 **말소를 청구할 수 있다.**

34. **제3취득자가 필요비 또는 유익비**를 지출한 경우, 저당물의 경매대가에서 **우선변제를 받을 수 있다.**

35. 저당물의 **제3취득자가** 저당물의 개량을 위하여 **유익비를 지출한 때**에는 민법 제367조에 의한 비용상환청구권을 피담보채권으로 삼아 **유치권을 행사할 수 있다.** (×)

- **경매신청으로 인한 근저당권의 피담보채권 확정시기**
1. **근저당권자가 스스로 경매신청** ⇨ **경매신청시에 확정**
2. **후순위권리자가 경매신청** ⇨ 선순위근저당권은 **경락대금 완납시에 확정**

36. **근저당권자가** 피담보채무의 불이행을 이유로 **경매신청**을 한 경우에는 매수인이 매각대금을 **완납한 때**에 피담보채권은 **확정된다.** (×)

37. **후순위**근저당권자가 **경매를 신청**한 경우, **선순위근저당권은 경매신청시에 확정된다.** (×)

- **경매 무효** ⇨ **동시이행관계** ×

38. 근저당권 실행을 위한 **경매가 무효**인 경우, **낙찰자의 채무자에 대한** 소유권이전등기 말소의무와 **근저당권자의 낙찰자에 대한** 배당금 반환의무는 서로 **동시이행관계에 있다.** (×)

- **경매와 담보책임**
1. 경매절차가 **무효** ⇨ **담보책임** ×
2. **물건의 하자, 법률상 장애** ⇨ **담보책임** ×

39. **경매절차가 무효**인 경우에도, 경매목적부동산의 권리의 하자를 이유로 경락인은 채무자에게 **손해배상을 청구할 수 있다.** (×)

40. **경매절차**에서 취득한 **물건에 하자가 있는 경우**, 그에 대하여 **담보책임을 물을 수 없다.**

41. 건축목적으로 **경락**받은 토지가 **관련법령상 건축허가를 받을 수 없는 경우**, 경락인은 선의·무과실이라면 **담보책임을 물을 수 있다.** (×)

- **대지의 매각대금**
1. 보증금 우선변제, 소액보증금 최우선변제 ○
2. **나대지** ⇨ **소액보증금 최우선변제** ×

42. 주택임차인의 **우선변제권**은 대지의 환가대금에는 미치지 않는다. (×)

43. 우선변제권 있는 임차인은 임차주택과 별도로 그 대지만이 경매될 경우, 그 **대지의 환가대금**에 대하여 우선변제권을 행사할 수 있다.

44. **대지에 관한 저당권설정 후 주택이 신축된 경우**에는 소액임차인은 대지의 매각대금에서 최우선변제를 받을 수 없다.

- **경매** ⇨ **계약명의신탁** ⇨ 경매목적물의 소유자가 악의 ⇨ **수탁자가 소유자**

45. 부동산**경매**절차에서 **명의신탁**관계가 성립한 경우, 경매목적물의 소유자가 명의신탁 사실을 알았다면 **수탁자는 소유권을 취득하지 못한다.** (×)

46. 부동산**경매**절차에서 **명의신탁**관계가 성립한 경우, **신탁자의 지시에 따라** 수탁자가 부동산의 **처분대금을 반환하기로 한 약정은 무효이다.**

10 | 행위당시를 기준

> • 사회질서위반

1. **정당한 대가를 지급하고** 목적물을 **매수**하였다면 그 후 목적물이 범죄행위로 취득한 것을 알게 되었더라도 매매계약은 **유효**이다.

> • 불공정한 법률행위

2. **매매계약 이후에** 외부적 환경의 급격한 변화에 따라 급부와 반대급부 간의 **현저한 불균형이 발생하더라도** 불공정한 법률행위에 해당한다고 볼 수 없다.

3. 불공정한 법률행위에 있어서 급부와 반대급부 간의 현저한 불균형은 **법률행위 이후의 사정도 고려해서 판단해야 한다.** (×)

> • 권한을 넘은 표현대리

4. 상대방이 **매수당시** 대리인에게 대리권이 있다고 믿은 데 **정당한 이유가 있었다면**, 계약성립 후에 대리권 없음을 알았더라도 **권한을 넘은 표현대리는 성립한다.**

> • 하자담보책임

5. 건축목적으로 매매된 토지가 관련법령상 건축허가를 받을 수 없는 경우, 그 **하자의 유무는 계약성립시를 기준으로 판단한다.**

6. 매매목적물에 **하자가 존재**하는지의 여부는 **목적물의 인도시를 기준으로** 판단하여야 한다. (×)

- 계약명의신탁

7. 계약명의신탁에서 **매도인이** 명의신탁사실을 **알았는지 여부는 계약체결 당시를 기준으로 판단**하여야 한다.

8. 계약명의신탁에서 **매도인이** 명의신탁사실을 **알았는지 여부는 소유권이전등기가 마쳐진 때를 기준으로 판단**하여야 한다. (×)

9. 계약명의신탁에서 **매도인이 계약체결 이후에** 명의신탁사실을 **알게 되면**, 매매계약은 **소급적으로 무효가 된다.** (×)

11 | 무효와 취소에 있어서 손해배상책임

• 착오 ⇨ 취소 ⇨ 손해 ⇨ 불법행위 × ⇨ 손해배상 ×

1. **경과실**로 인해 **착오**에 빠진 자가 매매계약을 취소한 경우, 상대방은 착오자에게 **불법행위 책임을 물을 수 없다.**

2. 표의자가 **착오**를 이유로 의사표시를 **취소**한 경우, 취소된 의사표시로 인해 **손해**를 입은 상대방은 불법행위를 이유로 **손해배상을 청구할 수 있다.** (×)

• 제3자의 사기 ⇨ 손해배상청구 ⇨ 먼저 취소할 필요 ×

3. **제3자의 사기**로 계약을 체결한 경우, 피해자는 **그 계약을 취소하지 않고** 그 제3자에게 **불법행위책임을 물을 수 있다.**

4. **제3자의 사기**로 계약을 체결한 경우, **그 계약을 취소하지 않으면** 그 제3자에게 **손해배상을 청구할 수 없다.** (×)

5. **제3자의 사기**로 계약을 체결한 경우, 피해자가 제3자에게 불법행위로 인한 **손해배상을 청구**하기 위해서는 계약을 **먼저 취소하여야 한다.** (×)

• 계약이 무효 또는 취소된 경우 ⇨ 채무불이행책임, 담보책임 발생 ×

6. **기망**에 의하여 **하자** 있는 물건을 매수한 경우, 매수인은 매매계약을 **사기**를 이유로 **취소**한 후에는 매도인에게 **담보책임**으로 인한 **손해배상책임을 물을 수 없다.**

7. **무효인 법률행위**의 내용에 따른 법률효과를 침해하는 것처럼 보이는 위법행위가 있더라도 그로 인한 **손해배상을 청구할 수 없다.**

8. **무효인 법률행위**에 따른 법률효과를 침해하는 것처럼 보이는 채무불이행이 있다면 채무불이행으로 인한 **손해배상을 청구할 수 있다.** (×)

12 | 해제와 이자 및 손해배상책임

1. 해약금에 의한 해제 ⇨ 이자 ×, 손해배상청구 ×
2. 합의해제 ⇨ 이자 ×, 손해배상청구 ×
3. 약정해제권을 행사 ⇨ 이자 ○, 손해배상청구 ×
4. **채무불이행**으로 인한 법정해제권을 행사 ⇨ 이자 ○, **손해배상청구** ○

1. 매도인이 **계약금의 배액을 상환하고 해제**한 경우, 매수인은 매도인에게 **원상회복을 이유로 이자를 청구할 수 있다.** (×)

2. **계약금 포기에 의한 해제**의 경우, 상대방은 채무불이행을 이유로 **손해배상을 청구할 수 있다.** (×)

3. 매도인은 다른 약정이 없으면 **합의해제**로 인하여 반환할 금전에 그 받은 날로부터 **이자를 가산하여야 할 의무가 있다.** (×)

4. 계약이 **합의해제**된 경우, 다른 사정이 없는 한 채무불이행으로 인한 **손해배상을 청구할 수 없다.**

5. **약정해제권을 행사한 경우**, 특약이 없는 한 원상회복으로 인한 **이자는 청구할 수 있으나 손해배상은 청구할 수 없다.**

6. 계약이 **해제**된 경우, 금전을 수령한 자는 **받은 날부터 이자를** 가산하여 **반환하여야 한다.**

7. 계약의 해제는 **손해배상청구에 영향을 미치지 않는다.**

8. **채무를 불이행한 채무자는** 해제로 인한 **원상회복의무를 모두 이행**한 경우에는 **별도의 손해배상책임을 부담하지 않는다.** (×)

9. 채권자가 **이행불능**을 이유로 계약을 **해제**한 경우, 그는 이행불능으로 인한 **손해의 배상을 청구할 수 없다.** (×)

13 | 당사자가 변경된 경우

> • **점유취득시효완성 후** 소유자가 변경된 경우

1. 乙이 甲 소유의 토지에 대하여 점유취득시효의 완성을 이유로 甲에게 소유권이전등기를 청구할 수 있게 되었다.

    ① 甲이 丙에게 토지를 **매도**하여 이전등기를 경료해 준 경우, 乙은 丙에게 취득시효완성을 이유로 소유권이전등기를 **청구할 수 없다.**

    ② 甲이 丙에게 토지를 **매도**하여 이전등기를 경료해 준 후 甲이 **다시 소유권을 회복한 경우**, 乙은 甲에게 시효완성을 주장할 수 있다.

> • **지상권** ⇨ 소유자가 변경 ⇨ **지료연체의 효과 승계** ×

2. 지상권의 **지료지급 연체가** 토지소유권의 **양도 전후에 걸쳐 이루어진 경우**, 토지양수인에 대한 연체기간이 2년 이상이면 토지양수인은 지상권의 소멸을 청구할 수 있다.

3. **지료체납 중** 토지소유권이 **양도**된 경우, **양도 전·후를 통산하여 2년에 이르면** 지상권 **소멸청구를 할 수 있다.** (×)

4. 지상권의 지료가 1년 연체된 상태에서 **토지가 제3자에게 양도되고 다시 그 지료가 1년 6개월 연체된 경우**, 토지의 새로운 소유자는 지상권의 **소멸을 청구할 수 있다.** (×)

> • **전세권** ⇨ 소유자가 변경 ⇨ **전세금반환의무자는 신소유자**

5. 전세권 존속 중 **전세목적물이 양도**된 경우, 새로운 소유자가 전세금반환의무를 진다.

6. **전세목적물이 처분**된 때에도 전세권을 설정한 **양도인이** 전세권관계에서 생기는 **권리의무의 주체이다.** (×)

> • **유치권** ⇨ 소유자가 변경 ⇨ 새로운 소유자 ⇨ **유치권 행사** ○, **변제청구** ×

7. 유치물이 **제3자에게 양도**된 경우, **유치권자는** 특별한 사정이 없는 한 **제3자에게 유치권을 주장할 수 있다.**

8. 유치권이 경락인에게 인수된 경우, 유치권자는 **경락인에게 변제를 청구할 수 있다.** (×)

> • **근저당권설정 후** 소유자가 변경된 경우 ⇨ **종전 소유자도 말소청구** ○

9. **저당권설정자는** 현재 저당부동산의 소유자가 아니라면 피담보채무가 소멸하더라도 저당권의 **말소를 청구할 수 없다.** (×)

10. 근저당권의 목적물이 양도된 후 피담보채무가 소멸한 경우, 근저당권설정자인 **종전 소유자는** 근저당권등기의 말소를 청구할 수 없다. (×)

> • **주택임차인이 대항력을 갖춘 후** 소유자가 변경된 경우

11. 甲소유의 주택을 乙이 임차하면서 보증금을 지급하고 대항요건을 갖췄다.
    ① 丙이 甲으로부터 주택을 양수하여 **소유권을 취득**한 경우, 임대차종료시 乙은 丙에게만 보증금의 반환을 청구할 수 있다.
    ② ①의 경우, 丙이 乙에게 보증금을 반환한 경우, 丙은 甲에게 **부당이득반환을 청구할 수 없다.**

> • **명의신탁 후** 소유자가 변경된 경우

12. 甲이 乙에게 **명의신탁**한 건물을 乙이 丙에게 적법하게 양도하였다가 **다시 소유권을 취득한 경우,** 甲은 乙에게 소유물반환을 청구할 수 없다.

14 | 상 속

> • 사망 ⇨ 상속 ⇨ 효력 ○

1. 매매계약의 승낙의 의사표시를 발신한 후 승낙자가 **사망**하였다고 하더라도 그 의사표시가 청약자에게 정상적으로 도달하였다면 **매매계약은 유효하게 성립한다.**

2. **표의자가** 매매의 청약을 **발송한 후 사망**하면 그 청약은 **효력이 없다.** (×)

3. 취소권자가 **취소**의 의사표시를 발한 **후 사망**한 경우에도 상대방에게 도달하면 **취소의 효력은 발생한다.**

4. 부부 사이에 유효하게 성립한 명의신탁은 배우자 일방의 **사망으로** 잔존배우자와 사망한 배우자의 **상속인에게 효력을 잃는다.** (×)

> • 상속인(포괄승계인) ⇨ 당사자 ○, 제3자 ×

5. **가장매매**의 매도인은 매수인의 **상속인**이 그 허위표시에 대하여 선의라 하더라도, 그에게 허위표시의 **무효로 대항할 수 있다.**

6. **포괄승계인은** 사기를 이유로 한 법률행위의 취소로써 대항할 수 없는 **선의의 제3자에 포함되지 않는다.**

7. 사기에 의하여 의사표시를 한 자의 **포괄승계인은** 그 의사표시를 **취소할 수 없다.** (×)

8. **상속인은 새로운 권원에 의하지 않는 한** 피상속인의 점유의 성질과 하자를 떠나서 **자기만의 점유를 주장할 수 없다.**

9. 피상속인의 점유가 **타주점유**라 하더라도 **선의의 상속인은 자주점유로 인정된다.** (×)

10. **양자간 등기명의신탁**에 있어서 부동산의 **명의수탁자의 상속인**에 의한 점유는 특별한 사정이 없는 한, **타주점유에 해당한다.**

- 대리인이 사망 ⇨ 대리권은 소멸

11. 대리인이 사망하면 특별한 사정이 없는 한 대리인의 **상속인에게** 그 **대리권이 승계된다.**
(×)

- 무권대리인이 본인을 상속 ⇨ 추인을 거절 ×

12. 무권대리인이 본인을 **상속**한 경우, 무권대리인은 상대방에게 **무효**임을 **주장**하여 등기 **말소**를 청구할 수 **없다.**

13. 무권대리인이 본인을 **상속**한 경우, 무권대리인이 상대방에게 **추인을 거절하는 것은 신의칙에 반하지 않는다.** (×)

- 지분상속
1. 공유지분 ⇨ 상속 ○
2. 합유지분 ⇨ 상속 ×

14. 부동산의 **합유자가 사망**한 경우에는 그 **상속인이 합유자로서의 지위를 승계한다.** (×)

15. 부동산의 **합유자 중 일부가 사망**한 경우, 합유자 사이에 특별한 약정이 없는 한 해당 부동산은 잔존 합유자가 2인 이상일 때에는 **잔존 합유자의 합유로 귀속된다.**

15 | 제한능력

> • **발신 후** 표의자가 행위능력 상실 ⇨ **효력 발생** ○

1. **표의자가** 의사표시의 통지를 **발송한 후 제한능력자가 되어도** 그 의사표시의 **효력은 영향을 받지 아니한다.**

2. **표의자가** 그 통지를 **발송한 후 제한능력자가 되었다면**, 특별한 사정이 없는 한 그 의사표시는 **취소할 수 있다.** (×)

> • 제한능력자가 수령한 경우 ⇨ 도달 주장 ×
> ⇨ 법정대리인이 안 때 ⇨ 도달 주장 ○

3. **수령무능력자에게 의사표시를 한 경우**, 특별한 사정이 없는 한 표의자는 그 의사표시로써 **수령무능력자에게 대항할 수 없다.**

4. **상대방이 제한능력자인 경우**, 그 **법정대리인이** 의사표시의 **도달을 알기 전에는** 표의자는 **도달을 주장할 수 없다.**

> • 대리인의 한정후견개시 ⇨ 대리권소멸사유 ×

5. 행위능력자인 임의대리인이 **성년후견개시** 심판을 받아 제한능력자가 되면 그의 **대리권은 소멸한다.**

6. 대리인이 **한정후견개시의** 심판을 받으면 특별한 사정이 없는 한 **대리권은 소멸한다.** (×)

> • 본인이 **제한능력자를 대리인으로 선임**한 경우 ⇨ 대리행위는 취소 ×

7. 대리인은 **행위능력자임을 요하지 않는다.**

8. 甲이 **제한능력자인 乙을 대리인으로 선임**한 경우, 甲은 乙이 한 **대리행위를** 제한능력을 이유로 **취소할 수 있다.** (×)

• 제한능력자 ⇨ 무권대리인의 책임 ×

9. 무권대리인이 제한능력자인 경우, 상대방은 무권대리인에게 계약이행 또는 손해배상을 청구할 수 **없다**.

• 제한능력을 이유로 취소 ⇨ **현존이익만 반환**, 절대적 취소

10. **제한능력자** 甲이 乙과 체결한 계약을 **취소**한 경우, 甲은 악의인 때에도 자신이 받은 **이익이 현존하는 한도에서만 상환할 책임이 있다**.

11. **제한능력**을 이유로 **취소**한 경우에는 **선의의 제3자에게 대항할 수 있다**.

16 | 비용상환청구권

> • 점유자의 비용상환청구권
> 1. 본권 없는 점유자 ⇨ 현재 소유자 ⇨ 반환할 때 청구
> 2. 악의의 점유자 ⇨ 비용상환청구 ○
> 3. 과실수취한 점유자 ⇨ 통상 필요비 청구 ×
> 4. 유익비 ⇨ 현존 ⇨ 회복자의 선택

1. 점유물의 소유자가 변경된 경우, **점유자는** 유익비 지출 당시의 **전 소유자에게 유익비상환을 청구해야 한다.** (×)

2. **무효인 매매계약**의 매수인이 점유목적물에 필요비 등을 지출한 후 매도인이 그 목적물을 제3자에게 양도한 경우, **점유자인 매수인은 양수인에게 비용상환을 청구할 수 있다.**

3. 점유자가 점유물을 개량하기 위하여 **유익비**를 지출한 경우는 점유자가 점유물을 **반환할 때에** 그 상환을 청구할 수 있으나, **필요비**를 지출한 경우에는 **즉시 상환을 청구할 수 있다.** (×)

4. **악의의 점유자**도 원칙적으로 **필요비 전부**의 상환을 **청구할 수 있다.**

5. 점유자가 **과실을 수취**한 경우에는 **통상의 필요비는 청구하지 못한다.**

6. **선의의 점유자는 과실을 취득한 경우에도** 점유물을 보존하기 위하여 지출한 **통상의 필요비를 상환할 것을 청구할 수 있다.** (×)

7. **유익비**에 관하여는 그 가액의 증가가 **현존**한 경우에 한하여 **점유자의 선택**에 좇아 그 지출 금액이나 증가액의 상환을 청구할 수 있다. (×)

8. 점유자가 **필요비**를 지출한 경우, 그 가액의 증가가 **현존한 경우에 한하여** 상환을 청구할 수 있다. (×)

> • 전세권자의 비용상환청구권
> 1. 유지수선의무 ⇨ 전세권자
> 2. **전세권자** ⇨ **필요비청구** ×

9. **전세권설정자**는 특약이 없는 한 목적물의 현상을 **유지하고 수선을 해야 한다.** (×)

10. 전세권자는 **필요비** 및 유익비의 상환을 청구할 수 **있다.** (×)

11. 전세권자가 목적물에 지출한 **유익비**에 관하여는 그 가액의 증가가 **현존**한 경우에 한하여 **소유자의 선택**에 좇아 그 지출금액이나 증가액의 상환을 **청구할 수 있다.**

> • 유치권자 ⇨ 필요비 및 유익비 청구 ○

12. **유치권자**가 유치물에 관하여 **필요비**를 지출한 때에는 소유자에게 그 상환을 **청구할 수 있다.**

13. 유치권자가 유치물에 **유익비를** 지출한 때에는 그 가액의 증가가 **현존**한 경우에 한하여 **소유자의 선택**에 좇아 그 지출금액이나 증가액의 상환을 **청구할 수 있다.**

> • 임차인의 비용상환청구권
> 1. **필요비** ⇨ **존속 중에도** 청구 ○
> 2. **유익비** ⇨ **종료시** 청구 ○

14. **필요비와 유익비**를 지출한 임차인은 임대인에게 **즉시** 그 상환을 청구할 수 있다. (×)

15. 임차인이 지출한 **필요비**는 계약이 **종료한 때 비로소** 상환청구를 할 수 있다. (×)

16. 유익비상환청구권은 **임대차종료시에** 행사할 수 있다.

> • 상환기간 허여청구 ⇨ 필요비 ×, 유익비 ○

17. **필요비**상환청구권에 대하여 회복자는 법원에 **상환기간의 허여를** 청구할 수 있다. (×)

18. 법원이 **유익비**의 상환을 위하여 상당한 **기간을 허여한 경우**, 유치권은 성립하지 않는다.

17 | 양도 및 분리 양도

> • 조건부 권리, 기한부 권리 ⇨ 처분 ○

1. 조건의 성취가 미정한 권리의무는 일반규정에 의하여 **처분, 상속, 보존 또는 담보로 할 수 있다.**

2. 기한의 도래가 미정한 권리의무는 일반규정에 의해 **처분하거나 담보로 할 수 없다.** (×)

> • 환매권 ⇨ 처분 ○

3. 환매권은 **양도할 수 없는** 일신전속권이다. (×)

4. **약완결권은** 재산권이므로 특별한 사정이 없는 한 타인에게 **양도할 수 있다.**

> 1. **지상권** ⇨ **분리 처분** ○
> 2. 지역권, 전세권, 유치권, 저당권 ⇨ 분리 처분 ×

5. 지상권자는 지상권을 유보한 채 **지상물 소유권만을 양도할 수 있고,** 지상물 소유권을 유보한 채 **지상권만을 양도할 수도 있다.**

6. 법정지상권자는 건물과 **분리하여 법정지상권만을 처분할 수 없다.** (×)

7. 요역지와 분리하여 **지역권만을 양도할 수 없다.**

8. **지역권은** 요역지와 분리하여 **저당권의 목적이 될 수 있다.** (×)

9. 전세권이 존속하는 동안은 전세권을 **존속**시키기로 하면서 **전세금반환채권만을** 전세권과 분리하여 **양도**하는 것은 **무효**이다.

10. 전세권 존속중이라도 **장래에** 그 **전세권이 소멸하는** 경우에 전세금 반환채권이 발생하는 것을 **조건으로** 그 장래의 **조건부 채권을** 유효하게 **양도할 수 있다.**

11. **저당권은** 그 담보한 **채권과 분리하여** 타인에게 **양도할 수 있다.** (×)

12. 가등기담보권자는 특별한 사정이 없는 한 **가등기담보권을 그 피담보채권과 함께** 제3자에게 **양도할 수 있다.**

---

1. 전유부분과 **공용부분의 지분** ⇨ 절대 분리처분 ×
2. 전유부분과 **대지사용권** ⇨ 규약으로 달리 정하지 않는 한 분리처분 ×

---

13. 구분소유자는 **규약 또는 공정증서로써 달리 정하지 않는 한** 그가 가지는 **전유부분과 분리하여 대지사용권을 처분할 수 없다.**

14. **대지사용권은** 전유부분과 일체성을 갖게 된 후 개시된 강제경매절차에 의해 **전유부분과 분리되어 처분될 수 있다.** (×)

15. **전유부분에 대하여 설정된 전세권은** 전세권설정등기가 건물부분만에 관한 것이라는 취지의 부기등기가 경료되어 있으면 **대지권에 미치지 않는다.** (×)

18 | 최고 및 존속기간

• **최고** ⇨ 확답 × ⇨ **거절**

1. 무권대리행위에 대하여 상대방이 본인에게 상당한 기간을 정하여 **최고**하였는데 본인이 그 기간 내에 확답을 발하지 아니한 때에는 **추인한 것으로 본다.** (×)

2. 제3자를 위한 계약에서 채무자가 상당한 기간을 정하여 계약이익의 향수 여부의 확답을 제3자에게 **최고**하였으나 그 기간 내에 확답을 받지 못한 때에는 **수익의 의사표시를 한 것으로 본다.** (×)

3. 재건축 결의 후 재건축 참가 여부를 **서면으로 촉구**받은 재건축반대자가 법정기간 내에 회답하지 않으면 재건축에 **참가하겠다는 회답을 한 것으로 본다.** (×)

1. 지상권, 지역권, 임대차 ⇨ 최장기간 제한 × ⇨ 영구 ○
2. 전세권 ⇨ **최장기간 10년 제한**

1. 구분**지상권**의 존속기간을 **영구**적인 것으로 약정하는 것은 **허용된다.**

2. **지역권**의 존속기간을 **영구무한**으로 약정할 수는 **없다.** (×)

3. **임차기간을 영구로** 정한 임대차약정은 특별한 사정이 없는 한 **허용된다.**

4. **전세권**의 존속기간을 15년으로 약정한 경우, 그 존속기간은 **10년으로 단축된다.**

5. **전세권**의 존속기간이 만료된 경우, 10년을 넘지 않는 기간으로 전세권을 **갱신할 수 있다.**

19 | 매수청구권

1. **건물** ⇨ **부속물**매수청구권 ⇨ 건물전세권자, 건물임차인
2. **토지** ⇨ **지상물**매수청구권 ⇨ 지상권자, 토지전세권자, 토지임차인

1. 토지임차인의 **지상물매수청구권**에 관한 민법규정은 성질상 **토지전세권에** 유추적용될 수 있다.

2. **건물**전세권의 존속기간이 만료한 경우, 전세권자는 **지상물매수를 청구할 수 있다.** (×)

3. **부속물**매수청구권은 **토지** 내지 건물의 임차인에게 **인정된다.** (×)

- 채무불이행으로 소멸한 경우 ⇨ 매수청구권 행사 ×

4. **지료연체를 이유로** 한 지상권소멸청구에 의해 지상권이 **소멸**하더라도 지상권자의 **지상물 매수청구권은 인정된다.** (×)

5. 임차인의 차임연체 등 **채무불이행**을 이유로 임대차가 **해지**된 경우에는 임차인은 **부속물 매수청구를 할 수 없다.**

6. 임차인의 **채무불이행**으로 해지된 경우, 임차인은 계약갱신청구는 물론 **지상물매수청구도 할 수 없다.**

7. 임대인의 **동의 없이 전대차**한 경우에도, 전차인은 임대인에게 **부속물매수청구권을 행사할 수 있다.** (×)

20 | 법정갱신

1. **건물전세권** ⇨ 기간약정 ×
2. **민법상 임대차** ⇨ 기간약정 ×
3. **주택**임대차 ⇨ 존속기간 **2년**
4. **상가**임대차
   ① 환산보증금을 초과 × ⇨ 존속기간 **1년**
   ② 환산보증금을 초과 ○ ⇨ **기간약정** ×

1. 지상권, 지역권, 토지전세권에는 **법정갱신**이 인정되지 않는다.

2. 건물전세권이 법정갱신된 경우 그 **존속기간은 1년**으로 본다. (×)

3. 토지임대차가 법정갱신된 경우, **존속기간은 정함이 없는 것**으로 본다.

4. 주택임대차가 법정갱신된 경우, 그 **존속기간은 2년**으로 본다.

5. 주택임대차가 법정갱신된 경우, **임대인은** 언제든지 **해지통고를 할 수 있다.** (×)

6. 주택임대차가 법정갱신된 후 **임차인이 해지통고를 한** 경우, 임대인이 그 통고를 받은 날로부터 3개월이 지나면 해지의 효력이 발생한다.

7. 상가건물임대차보호법이 적용되는 **상가임대차가 법정갱신**된 경우, 그 **존속기간은 1년**으로 본다.

8. **상가임대차가 법정갱신**된 후 **임차인이 해지통고를 한** 경우, 임대인이 그 통고를 받은 날로부터 3개월이 지나면 해지의 효력이 발생한다.

9. 환산보증금을 초과하는 상가임대차가 **법정갱신**된 경우, **존속기간은 정함이 없는 것**으로 본다.

제36회 공인중개사 시험대비 **전면개정**

2025 박문각 공인중개사
김덕수 파이널 패스 100선 1차 민법·민사특별법
부록 **민법 모아모아 한방**

초판인쇄 | 2025. 8. 5. **초판발행** | 2025. 8. 10. **편저** | 김덕수 편저
발행인 | 박 용 **발행처** | (주)박문각출판 **등록** | 2015년 4월 29일 제2019-000137호
주소 | 06654 서울시 서초구 효령로 283 서경빌딩 4층 **팩스** | (02)584-2927
전화 | 교재 주문 (02)6466-7202, 동영상문의 (02)6466-7201

저자와의
협의하에
인지생략

이 책의 무단 전재 또는 복제 행위는 저작권법 제136조에 의거, 5년 이하의 징역 또는 5,000만원 이하의 벌금에 처하거나 이를 병과할 수 있습니다.

정가 22,000원
ISBN 979-11-7519-035-1